너 잠자는 자여,
깨어서 죽은 자들로부터 일어나라
그리스도께서 네게 빛을 주시리라

(에베소서 5:14)

일러두기

1. 본문에 인용된 성경본문은 "그리스도예수안에" 출판사에서 발행한 〈킹제임스 흠정역〉이다.
2. 이 책에서 미처 다뤄지지 못한 보다 심층적이고 자세한 자료가 필요하다면 저자가 운영하는
   홈페이지를 방문하기 바란다. 내용에 관한 문의나 심도 있는 토론 및 제보를 환영한다.
   • 저자 이메일 : aspire7@naver.com
   • 저자 홈페이지 : www.aspire7.net (블로그와 연결됨)

신세계질서의 비밀

장화진 지음

터치북스

정녕 매트릭스에서
벗어나고 싶은가

모피어스 : 자넨 운명을 믿나?

네오 : 아니오.

모피어스 : 왜지?

네오 : 내가 내 삶을 통제할 수 없다는 게 싫어서요.

모피어스 : 무슨 뜻인지 알아. 자네가 온 이유를 말해주지. 뭔가를 알기 때문에 온 거야. 그게 뭔지 설명은 못해. 하지만 자넨 그걸 느껴. 평생을 느껴왔어. 뭔지는 모르지만 세상이 잘못됐다는 걸 말이야. 그게 머리가 깨질 것처럼 자넬 미치게 만들지. 그 느낌 때문에 이렇게 온 거야. 무슨 말인지 알겠나?

네오 : 매트릭스요?

모피어스 : 그게 뭔지 알고 싶나?

네오 : (주저하며 고개를 끄덕인다.)

모피어스 : 매트릭스는 사방에 있어. 바로 이 방 안에도, 창 밖에도, TV 안에도 있지. 출근할 때도, 교회에 갈 때도, 세금을 낼 때도 느낄 수 있어. 진실을 못 보도록 눈을 가리는 세계란 말이야.

네오 : 무슨 진실을요?

모피어스 : 네가 노예란 진실. 너도 다른 사람들과 마찬가지로 모든 감각이 마비된 채 감옥에서 태어났지. 네 마음의 감옥. 불행히도 매트릭스가 뭔지 말할 순 없어. 직접 봐야 해.

(모피어스는 양손 위에 빨간 캡슐과 파란 캡슐을 올려놓고 손을 펼친다. 그는 네오에게 진실과 대면할 기회를 준다.)

모피어스 : 이게 마지막 기회야. 다시는 돌이킬 수 없어. 파란 알약을 먹으면 여기서 끝난다. 침대에서 깨어나 믿고 싶은 걸 믿게 돼. 빨간 알약을 먹으면 이상한 나라에 남아 토끼굴 끝까지 가게 된다.

당신이 영화 〈매트릭스Matrix〉의 네오라면 어쩔 텐가? 진실을 알고 싶은가?

만약 그 진실이 지금껏 나를 가르쳐왔던 근간을 흔들고, 그동안 내가 알던 세상을 전혀 다른 곳처럼 보게 하는 '불편한 진실'이라도 당신은 정녕 진실을 알고 싶은가?

나는 이 책에서 네오를 매트릭스로 인도했던 모피어스의 역할을 자처하고자 한다. 숨겨진 진실, 하지만 더 이상 감춰질 수 없는 사실들을 통해 흑암의 세력들이 우리가 처한 현실 속에서 어떻게 그 지배권을 넓혀가고 있는지 보여줄 것이다.

문제는 당신의 의지다.

그저 '파란 알약'을 꿀꺽한다면 "당신이 믿고 싶은 대로" 믿으며 아무 일 없었다는 듯 살아가게 될 것이다. 그러나 '빨간 알약'을 삼키는 순간 삶은 달라진다. 여태껏 '그들'이 감추려고 애썼던 진실이 당신 눈앞에 펼쳐질 것이다. 당신이 진실과 마주한다면, 마치 네오가 처음으로 '매트릭스'의 진실에 대면했을 때와 같은 충격이 있을 것이다.

다시 한 번 분명히 말하겠다.

당신이 '파란 알약'을 삼킨다면 이 책은 단순한 소설이 된다. 당신은 그저 보이는 세계에 만족하며 그렇게 살아갈 것이다.

하지만 '빨간 알약'을 삼킨다면 당신은 이 책에서 '매트릭스'를 보게 될 것이다. 세상 속에 갇혀 있던 진실과 조우할 기회다. 이제는 보이지 않는 세계가 보이는 현실보다 더 중요하고 실제적이며 더 위험하다는 사실에 눈뜰 것이다. 내가 몰랐던 세상에는 '위험한 전투'가 벌어지고 있으며, 오래 전부터 '극렬한 전쟁 중'이었다는 사실에 기겁하게 될 것이다. 군대에 가서 총 들고 미사일을 날리는 것만이 전쟁이 아니다. 사실 더 큰 전쟁은 육체의 눈에 보이지 않는다. 지금껏 그래왔다.

우리가 진정 두려워해야 할 것은 프리메이슨이나 사탄의 세력이 아니다. "그런즉 그들을 두려워하지 말라. 덮어 둔 것 중에서 드러나지 아니할 것이 없고 숨겨 둔 것 중에서 알려지지 아니할 것이 없느니라. …… 몸은 죽여도 혼은 능히 죽이지 못하는 자들을 두려워하지 말고 오직 혼과 몸을 능히 지옥에서 멸하시는 분을 두려워하라"(마 10:26-28).

오직 주님을 두려워하고 주님과 동행하면 끔찍한 진실들도 균형을 잡는다. 오히려 예언에 대한 지식은 우리를 온전케 한다. 예수님도 미지막 시대의 징조에 관한 말씀을 많이 하시지 않았는가. 마지막 시대에 대한 이런 사실들이 우리 영혼을 흔들어 깨우는 '빨간 알약'이 되기를 간절히 바란다.

2003년부터 10년 가까이 성경연구·음모론 사이트인 '빛과 흑암의 역사(www.aspire7.net)'를 운영해 온 필자는 급변하는 정세와 말세의 징조를 보며 서적으로도 진실을 알려야 할 필요성을 느껴 최신 자료를 바탕으로 이 책을 썼다.

'그렇지 않아도 힘든 우리들'에게 막연한 공포나 무력감을 주려고 한 게 아니다. 다만 이제는 '불편한 진실'에 눈을 뜨고 주님 오시기 가까운 이 시대에 "지혜로운 처녀들"이 되어 신랑이신 주님을 뵙도록 돕고자 했다.

이런 지식들은 단지 공포감을 주는 것이 아니라, 진실을 바로 보게 하고 우리가 어떻게 살아갈 것인지를 깊이 각성하게 하는 것임을 확신한다. 이 책을 통해 사람들이 다가올 재난에 지혜롭게 대비하고, 미혹에 속지 않아 하나님의 은혜로 좋은 결실을 맺길 바라는 마음이다.

이러한 내용들이 저자의 개인적인 주장이나 편협한 시각이 아님을 보여주기 위해 저자의 의견은 최소화하고, 이미 신문이나 공식

인터넷 사이트, 저서들을 통해 사실로 인정된 증거들을 중심으로 자료를 정리했다. 다소 딱딱해 보일 수 있지만 이 책 한 권을 통해 누구나 쉽게 방대한 자료들의 전체 그림Big Picture을 볼 수 있도록 최선을 다했다.

또한 이 책은 누가 프리메이슨인지, 어떤 단체가 신세계질서를 따르는지를 폭로하는 데 1차적인 목적이 있지 않다. 오히려 저자는, 이러한 거대한 음모가 추상적이고 먼 나라 이야기가 아니라 실제로 우리 주위에서 매우 폭넓게 일어나고 있으며, 그리스도인들도 정신을 차리지 않는다면 속기 쉽다는 사실을 강조하려고 애썼다. 무엇보다 예수께서 말씀하신 바 "하늘의 모습은 분별하면서 시대의 표적들은 놓치는 위선자"(마 16:3)들이 되지 않도록 간절히 기도하며 썼다.

이런 일들이 일어나기 시작하거든 위를 보고 너희 머리를 들라. 너희의 구속이 가까이 이르렀느니라. … 너희는 스스로 주의하라. 그렇지 않으면 언제라도 너희 마음이 과식과 술 취함과 이 세상 삶의 염려로 무겁게 되어 그 날이 알지 못하게 너희에게 임할까 염려하노니 그 날이 온 지면에 거하는 모든 사람에게 올무같이 임하리라. 그러므로 너희가 앞으로 일어날 이 모든 일을 피하고 사람의 아들 앞에 서기에 합당한 자로 여겨지도록 항상 기도하며 깨어 있으라. _누가복음 21:28, 34-36

하나님의 나팔소리는 어떤 이들에게는 심판의 소리이지만, 주님을 순수하게 사랑하고 믿음을 지켜왔던 많은 성도들에게는 당신의 품으로 부르시는 복된 소리이다. 이 책을 읽는 모든 분들이 이러한 많은 사건들을 통해 주님의 품으로 부르시는 복된 나팔소리를 듣기를 기도한다. 소망하기는, 이 책이 하나님의 사람들을 깨워 마지막 시대에 주님의 군대로 우뚝 서게 하는 일에 작은 도구로, 그분의 양각나팔로 사용되기를 바라는 심정이다.

기억하라.
이제 마지막 불이 켜졌다. 막차가 다가온다.
다음 신호는 없다.

CONTENTS

PART 3

준비하라
눈앞에 다가온 위협

| 맺음말 |

그러면 우리는 어떻게 살아야 하는가?

Part. 1 _ 깨어나라

세상은 그들의 계획대로 움직인다

"〈워싱턴포스트〉〈뉴욕타임즈〉〈타임〉과 같은 위대한 언론사에 감사한다. 거의 40년 동안 이 언론의 사주들이 우리의 회의에 참석하고 그들의 약속을 잘 지켜준 것에 감사드린다. 이들의 도움이 없었다면 우리의 세계적인 목표를 실행하는 것이 불가능했을 것이다. 이제 세상은 더욱 세계정부를 향해 나아갈 준비가 되었다." _데이비드 록펠러, 1991년 삼극위원회 발언 (David Rockfeller)

"큰 이상Big Idea 곧, '신세계질서New world order'는 각기 다른 종족의

모든 나라 국민이 한데 뭉쳐서 다른 종류의 세계로 다가가는 것입니다.

그곳엔 평화와 보안, 그리고 자유와 법질서가 있습니다.

그런데 이런 혼란한 시대에 우리는 다섯 번째 목적(신세계질서)을

드러낼 수 있게 되었습니다.

이제 우리는 새로운 세계가 다가오는 것을 볼 수 있습니다."

_조지 H. 부시, 1991년 (George Herbert Walker Bush, 미국 제41대 대통령)

CHAPTER 1

일루미나티
카드 게임

1975년, 로버트 쉬어^{Robert Shea}와 로버트 앤톤 윌슨^{Robert Anton Wilson}

은 《일루미나티 3부작^{The Illuminatus! Trilogy}》이라는 소설을 발간한다.

그 후 스티브 잭슨^{Steve Jackson}과 데이브 마틴^{Dave Martin}이 1982년 그

소설에 근거하여 '일루미나티 카드 게임'을 출시한다.

그리고 1995년, 여러 번 수정을 거친 카드 게임은 그해 최고의

히트작으로 떠오른다. 제목은 '일루미나티: 음모 게임^{Illuminatii : the}

^{game of conspiracy}'이며, 게임의 목적은 세계를 움직이는 비밀 조직인

일루미나티가 세계를 지배하여 '신세계질서^{New World Order}'와 '단일

세계정부^{One-World Government}'를 이루는 것이다.

이를 위해 온갖 음모를 꾸미고 혼란을 일으켜 국가를 약화시키고

대중에게 두려움을 갖게 하여 일루미나티가 제시하는 비상 체제를

일루미나티 카드 게임 세트

받아들이도록 만든다.

이 카드 게임은 시간이 지날수록 더욱 관심을 모았는데 왜냐하면 그 어떤 예언보다 정확하게 현 세계의 상황과 맞아떨어지는 카드의 내용 때문이었다. 게다가 스티브 잭슨이 설립한 '스티브 잭슨' 게임 사는 일루미나티의 계획에 대해 너무도 정확하게 알렸던 나머지 1990년에 미국 정보 기관의 압수 수색을 받기에 이른다. 카드는 총 404장으로 이루어져 있는데, 그 중에서 주요 카드를 살펴보겠다.

1995년에 2001년 9·11 테러를 예견하다

17쪽 카드의 그림에서는 미국 세계무역센터 쌍둥이 빌딩과 미 국방성 건물(모양이 5각형이므로 펜타곤이라고 함)이 불타고 있다. 2001년에 일어난 9·11 테러를 1995년 이전에 거의 정확히 묘사한 것이다.

카드 하단에는 '어느 때라도 이 카드를 이용하면 당신이 제압하려

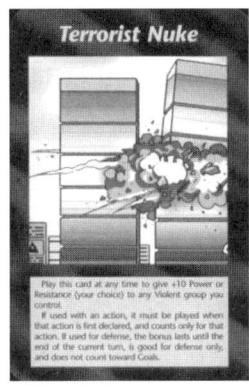

핵 테러리스트   펜타곤   총기 규제

는 무력 집단에 대해 10의 힘을 얻거나 저항력을 얻는다.' 라고 적혀
있다.

실제로 미국 정부는 9·11 테러를 빌미로 아프가니스탄과 이라크
를 공격하였고,▪ 시민에 대한 감시와 통제를 강화하는 애국자법을
통과시킨다. 그 때문에 앞으로는 연방 정부의 독재에 대항하기 위한
시민들의 유일한 저항 수단인 총기 소지를 불법화하고 이를 회수할

▪ 아프가니스탄은 중앙아시아 유전 지대를 연결하는 중요한 석유 수송로다. 그런데 1997년 텍사스
에서 열린 미국 유노칼 정유 회사와 탈레반 정권의 파이프라인 건설을 위한 협상에서 탈레반(무장
이슬람 정치단체)이 너무 많은 돈을 요구하는 바람에 협상이 결렬되자, 9·11 테러가 일어났고 그로
인해 미국은 아프가니스탄을 침공할 명분을 갖게 됐다. 미국의 아프가니스탄 침공으로 탈레반 정
권이 무너지자, 아프가니스탄의 수상으로 오른 사람은 다름 아닌 유노칼 정유 회사에서 컨설턴트
로 일했던 하미드 카르자이(Hamid Karzai)였다.
그리고 2002년 아프가니스탄 정부는 기존의 파이프라인 공사 계약을 파기하고 유노칼 정유 회사
와 파이프라인 건설을 할 것이라고 영국 공영 방송인 BBC가 밝혔다. 이라크 공격의 명분이었던
대량 살상 무기도 허위임이 드러났고, 실상은 석유 자원 확보와 중동 장악을 위해 오래 전부터 기
획된 일인 것이다.

세계무역센터(WTC) 붕괴장면, 핵폭발 장면(상)
9·11테러현장의 불타는 자동차(하)

것으로 보인다.

그런데 참혹했던 9·11 테러에 대한 미 정부의 공식 입장에 대해서는 풀리지 않는 의문점들이 제기되어 왔다.

9·11 테러 당시, 세계무역센터 붕괴에 0.1킬로톤 이하의 초소형 핵무기를 사용했을 가능성이다. 그 증거로 육중한 철근 콘크리트 건물이 순식간에 먼지가 되어 무너져내렸고, 강력한 전자기장이 발생했으며, 그라운드 제로(원자폭탄이나 수소폭탄 등 핵무기가 폭발한 지점 또는 피폭 중심지를 말함)에 수개월 동안 잔존열이 남아 있었다는 점이다.

과연 중량 30억 파운드(약 136만 톤, 약 46,000톤이었던 타이타닉 호를 30척 쌓아 놓은 무게) 상당의 빌딩 중 20억 파운드가 초미세 입자로 날아가버린다는 게 비행기가 부딪히는 것만으로 가능한가? 빌딩 주위에 주차된 차들은 고열에 녹아내렸고, 복구에 참여한 소방관과 인부들이 방사능 화상을 입거나 후에 높은 암 발생율을 기록했다(백혈병, 림프종, 골수종 등으로 2010년 기준 345명 사망). 우라늄 핵분열 시 방출되는 트리튬이 정상치의 55배였고, 사고 현장은 한동안 촬영이 금지되었다. 한편 여객기와 충돌하지도 않은 빌딩7은 폭파 공법에

의한 듯이 저절로 붕괴되었다. ▪

　미 국방성은 지상 5층으로 된 건물이 다섯 겹으로 연결되어 거대한 오각형을 이루고 있다. 그런데 국방성이 공개한 현장 사진에서 파괴된 곳은 건물의 맨 아래층인데 공중의 여객기가 충돌하기엔 무척 어려운 위치다.

　게다가 여객기는 '우연히도' 국방성의 수리 중이었던 구역에 충돌해 인명 피해가 적었다. 또 충돌한 후 파괴되었다는 부분의 너비는 19미터인데, 보잉 757기의 너비는 38미터나 된다. 의심스러운 점은 현장에서 비행기 잔해라 할 만한 물체를 본 사람도 .없으며, 승객들의 주검 역시 발견되지 않았다.

　프랑스 언론인 티에리 메상Thierry meyssan이 펴낸 책《믿을 수 없는 협잡극 : 펜타곤에 충돌한 여객기는 없었다11 September 2001 L 'effroyable》에서는 테러리스트들이 피랍 여객기를 조종하여 국방성 청사에 충돌했다는 발표를 뒤집는 충격적인 내용을 전해주고 있다.

　현장 CCTV에서도 여객기는 보이지 않으며, 미사일 같은 작은 물체만 보일 뿐이었다. 국방성 벽에는 지름 2.3미터의 구멍이 나 있고 그 구멍은 다섯 겹으로 되어 있는 건물 중 세 겹이나 뚫고 지나갔다. 여객기의 머리 부

티에리 메상의 책

▪ 관련자료는 다음 사이트를 참고하라. blog.daum.net/aspire7/8436842

펜타곤의 주차장 CCTV   펜타곤 벽에 생긴 구멍

분은 자동항법장치(비행기를 예정된 경로와 고도로 항행하기 위한 자동조종 장치)가 들어 있기 때문에 기수 표면은 금속이 아니라 비금속 자동 물질인 카본으로 덮여 있다. 따라서 약한 비금속 물질로 된 머리 부분이 견고한 석재(인디애나산 석회암)로 되어 있는 세 겹의 건물을 뚫는다는 것은 불가능하다.

전 세계에 뉴스를 방송하는 미국의 방송사 CNN에서 사건 현장을 설명하면서 미 국방성 청사에 충돌한 것은 여객기가 아니라 날개가 달린 순항미사일(크루즈 미사일, 적의 레이더를 피하여 초저공비행이나 우회 항행을 할 수 있는 미사일) 같은 것이라고 말했고, 국방성 직원들은 화약 냄새를 맡았다고 증언했다. 사건 발생 직후 FBI가 수사에 들어갔지만, 국방성의 요구에 따라 사건 현장에서 철수되었다.

지진을 일으키는 무서운 기후 무기

최근 지진 빈도가 높아지고 있는데 상당수가 인위적인 지진으로 의심된다(이에 대해서는 1부의 3장에서 자세히 살펴본다). 미국은 알래스카에 하프HAARP라는 고주파 발생 안테나 시설을 가지고 있는데 기후와 지진 무기로 사용하고 있다. 기후 무기로 곡창지대를 홍수나 가뭄으로 공격하면 식량 대란이 일어나고 이로 인해 시위가 일어나

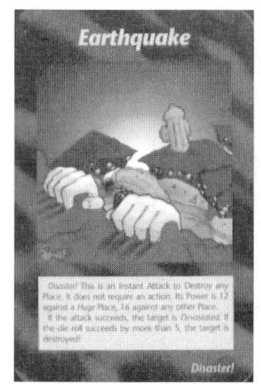

지진   쓰나미   지진 발생기

는데 이미 북아프리카와 중동의 독재 정권이 이것 때문에 무너졌다. 겉으로는 민주화를 위한다며 분쟁에 개입하지만 속으로는 세계 통치를 받아들이는 체제로 바꾸기 위한 술수다. 신세계질서를 따르지 않는 국가를 위협하는 데에도 이러한 기후와 지진 무기가 적극 활용될 것이다.

원전 사고를 예측하다

2011년 3월 12~16일 후쿠시마 제1원전 1~4호기가 노심(핵분열 연쇄 반응이 이루어지는 곳)이 용해돼 수소폭발을 일으켰다. 이 사고로 방사능이 누출돼 반경 30킬로미터까지 대피령이 내려졌고, 사고 규모는 1986년 체르노빌 원전 사고와 같은 레벨7로 정해졌다. 카드 그림에는 원전 사고 장면의 원자로에 금이 간 모습과 일본을 상징하는 벚꽃이 그려져 있다. 꼭 일본 후쿠시마 원전 사고를 예고하는 것 같다.

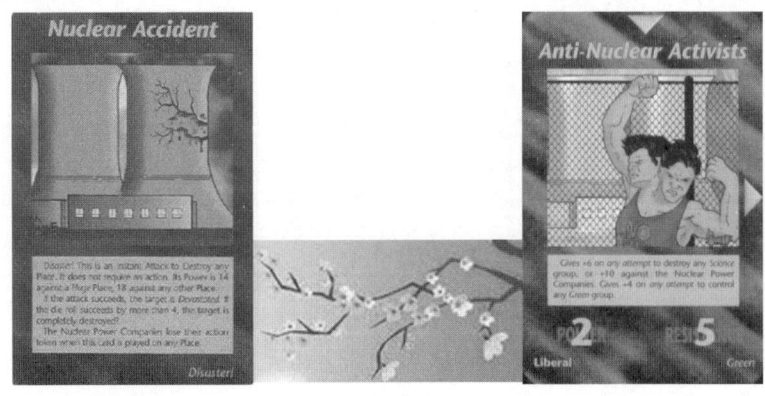

원전 사고   벚꽃 그림   반핵 운동

원전 사고로 인해 전 세계적으로 반핵 운동이 일어났고, 독일은 2020년까지 원전의 전체 폐쇄를 결정했다. 에너지관리공단에 따르면 에너지별 발전 단가는 2009년 기준 kW/h당 태양광 711원, 연료전지 300원, 풍력 107원, 수력 84원, 무연탄 55원, 원자력 38원 순이다. 원자력을 포기하면 가장 값싼 에너지를 포기하게 될 뿐 아니라 다가올 에너지 위기에도 취약해진다.

복합 재난의 발생

복합 재난이란 한 곳에 여러 개의 재앙이 일어나 큰 혼란이 야기되는 것을 의미한다. 2011년 일본은 지진, 쓰나미, 원전 사태, 전력 부족의 4중 재난으로 큰 어려움을 겪고 있다. 전 세계적으로 곡창지대의 기상이변과 바이오 에너지, 곡물 투기, 유가 인상 등으로 농산물 값이 폭등해 곳곳에서 기근이 일어나고 있다.

2011년 3월 대지진이 발생한 일본 도호쿠 지역은 태평양판과

| 복합 재난 | 긴자 와코 시계탑 | 세계적인 기근 |

북미판이 부딪히며 축적된 에너지가 한꺼번에 터져 나오면서 재앙이 일어났다. 하지만 일본 전문가들이 지적했던 위험 지역은 도카이 지역으로 100~150년을 주기로 대지진이 발생하고 필리핀판과 유라시아판이 만나는 지역이다. 위 카드 왼쪽에서 무너지고 있는 시계탑은 런던 시계탑이 아니라 도쿄의 긴자 와코 시계탑이다. 도카이 대지진이 일어난다면 위와 같은 그림이 현실이 될 수 있다.

자연재해의 급격한 증가

2011년 미국 중부에 하프링('동심원 모양의 구름'인데, 하프를 이용해 기후를 조작한 증거가 된다)이 관측된 후 강력한 토네이도가 덮쳐 많은 지역이 파괴되고, 수백 명이 숨졌다. 또한 지구온난화로 바닷물 수온이 올라가면서 허리케인과 태풍의 위력이 더 강해지고 있다.

최근의 일본 대지진으로 지각이 흔들려 인도네시아 화산과 러시아 캄차카 화산군, 그리고 일본 아소산과 후지산 등의 분화 가능성

토네이도   허리케인   화산 폭발

이 높아졌다. 천 년마다 한 번씩 대분화하는 백두산이 폭발하면 한
반도와 일본은 화산재에 뒤덮이게 된다. 현재 각국 정부는 경제 위
기를 제대로 수습하지 못한 채 급격히 적자가 늘어가고 있는 상황
인데, 거기에 대형 자연재해까지 계속된다면 정권은 붕괴되고 결국
국제기구의 도움과 통제를 받게 된다.

원유 유출이 일어날 것을 미리 알았다?

2010년 4월 20일, 미국 최악의 원유 유출 사고가 멕시코만에서
일어났다. 시추 시설 딥워터 호라이즌 호의 폭발과 화재로 126명
중 11명이 사망했고, 시추 파이프에 구멍이 나 원유를 내뿜던
BP^{British Patroleum}(브리티시 페트롤륨, 영국 석유 화학 전문 회사)의 마콘도
252유정은 5개월 만에 밀봉되었다.

해저 1,500미터 유정에서 쏟아진 원유는 490만 배럴인데 올림픽
규격의 수영장 312개를 채울 수 있는 엄청난 양이다. 미 정부는 수

만 명의 인력과 수
천 척의 배를 동원
하고 오일 차단막
을 설치해 방제에
나섰지만 해안과
습지에 밀어닥친
기름기와 타르로
인해 많은 어류와
조류가 폐사했다.

멕시코만에서 기름에 절은 새의 사진　　　　원유 유출

　그동안 BP는 시추 작업을 하면서 안전 규정을 무시하고, 감사를 연기하도록 정부에 압력을 행사한 것으로 드러났다. BP는 200억 달러의 피해 보상 기금을 내놓았지만 증거 부족으로 어민들과 주민들에 대한 보상이 제대로 이루어지지 않고 있다. 그런데 골드만삭스는 BP 원유 유출 사건 전날 BP 주식 전량을 매각한 사실이 드러나 의혹을 사고 있다. 이 사건은 인구 축소와 에너지 위기 조장을 위해 일부러 일으킨 사건일 가능성이 높다.

돈과 언론을 통한 정치인 매수

　엘리트 집단은 필요한 정책을 펼칠 때 어떤 정치인의 반대에 부딪히면 제일 먼저 그 사람을 돈이나 여자로 매수해 손을 떼게 한다. 이 방법이 잘 되지 않으면 약점을 잡아 협박하거나, 끊임없는 전화·도청·미행 등을 통해 괴롭히며, 그 정치인에 대한 부정적이고 악의적인 정보를 언론에 유포시킨다. 그렇기 때문에 고위 정치인들은 일루

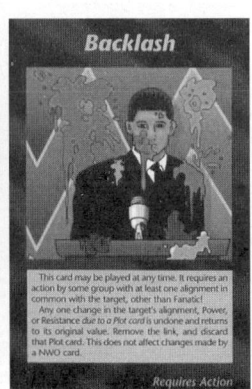

권력의 부패   거절할 수 없는 제안   대중의 반발

미나티의 도움 없이는 아무 것도 할 수 없음을 깨닫고 어쩔 수 없이
협조하게 된다.

갈수록 경제 위기, 빈부 격차, 실업난, 자연재해, 환경 오염 등이
심화되지만 허수아비 정치인은 이를 제대로 해결하지 못해 무능하
다는 비판을 받는다. 따라서 언론은 UN과 국제기구의 도움으로 문
제를 해결해야 한다는 여론을 조성해간다.

위의 그림에서 사회 개혁을 하다 비난받는 정치인은 미국 최초의
흑인 대통령 오바마를 연상시킨다. 그는 공화당과 시민 단체의 반
대에도 불구하고 통제사회로 가기 위한 의료 개혁 법안을 최근에
통과시켰다.

거대 언론은 누구를 위해 일하는가?

일루미나티는 미국 주요 방송사와 신문사와 출판사를 인수하거나
포섭해 우리가 보고, 듣고, 읽는 것을 통제하면서 여론을 유도하고 심

리를 조종한다. 정말 중요한 안건은 슬쩍 흘려보내거나 보도하지 않고, 중요한 시기에 대중의 관심을 끌만한 큰 사건을 의도적으로 터뜨리거나 특집으로 다뤄 문제의 본질을 피해 간다.

거대 언론　　　　　언론 연줄

실제로 프리메이슨 계열의 미국 5대 미디어 그룹인 타임워너Time Warner, 월트디즈니Walt Disney, 소니Sony, 비방디 유니버셜Vivendi Universal, 비아컴Viacom International Inc.이 미국 언론의 90퍼센트를 장악하고 있다. 말 잘 듣는 정치인은 언론을 통해 지원하고, 통제 밖에 있는 정치인은 비리를 폭로해(없으면 억지로 만들어서라도) 매장시킨다.

언론을 통해서는 신세계질서를 위한 자유무역, 세계화, 신자유주의, 탄소세, 감시 통제, 전쟁 등에 대한 좋은 여론을 형성한다. 이렇게 '유도된 여론' 은 조작된 여론조사를 통해 다시 정치에 반영된다. 다양한 이념의 언론이 서로 다른 목소리를 내는 것 같지만 실제로는 일루미나티의 조종대로 움직여 같은 결론을 얻을 뿐이다.

모든 통신은 에셜론 슈퍼컴퓨터를 통과한다

미국 NSANational Security Agency(국가안보국)는 미 국방부 특별활동국 소속 정보수집기관으로 암호의 작성과 관리, 적성국의 암호분석 등

| NSA | 영국 멘위드 힐(Menwith Hill) 기지의 레이더돔 |

을 주로 담당한다. NSA 본부는 메릴랜드에 위치하고, 5만여 명의 관련 요원이 있으며, 연간 예산은 CIA의 2배에 달한다. NSA는 전 세계에 설치한 도청망인 에셜론^{Echelon}으로 인공위성과 지상과 공중에서 이루어지는 모든 통신을 감청하고 분석해 정보를 얻고 있다. 영국 노스 요크셔^{North Yorkshire}의 멘위드 힐^{Menwith Hill}에도 이와 같은 에셜론을 위한 기지가 있다.

전화, 팩스, 이메일, 무전기 등 모든 통신은 '에셜론 딕셔너리'라는 슈퍼컴퓨터를 통과하는데 '폭탄^{Bomb}'이나 '핵^{Nuclear}'과 같은 요주의 단어가 나오면 음색이나 신원을 등록해 계속적으로 감시한다. NSA는 난해하게 암호화된 메시지도 다소 시간이 걸릴 뿐 완벽하게 해독하는 키를 갖고 있다.

고위 정치인, 기업인, 시민 단체, 종교 단체 등은 NSA의 우선 도청 대상이다. 미국, 캐나다, 호주, 영국, 일본 등에 거대한 에셜론 기지가 있고, 우주에는 20여 기의 첩보 위성이 통신을 감청하고 정밀한 사진을 찍는다. NSA는 경쟁국 기업의 영업 비밀이나 첨단 기술도 빼내 미국 대기업에 제공하고 있다.

세계정부 수립을 위한 행동 대장

일루미나티는 CIA^{Central Interlligence Agency}를 세계정부 수립을 위한 비밀공작과 요인 암살에 동원하고 있다. CIA의 첩보 심리 통제 기술은 나치 과학자 700명이 '페이퍼클립 작전'을 통해 몰래 미국으로 흡수되면서 비약적으로 발전했다.

탈레반^{Taliban}과 알 카에다^{Al-Qaeda}(오사마 빈 라덴이 조직한 국제 테러 단체)와 같은 테러 조직도 CIA와 파키스탄 정보부의 지원으로 탄생했다. CIA는 현재 아프가니스탄에서 무인 공격기 '프레데터'를 운영해 군사 작전에도 개입하고 있다. 2010년 미국 정보 예산은 531억 달러이고, 1급

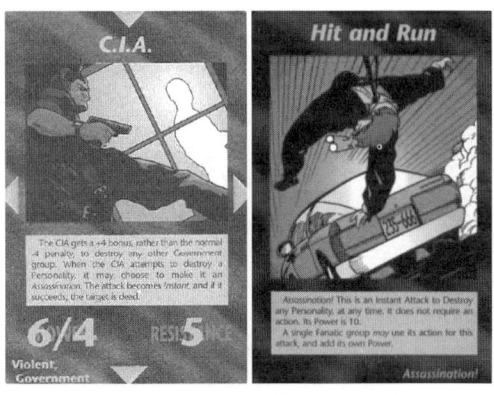

CIA   뺑소니

비밀 취급자만 85만 명이다. 물론 투명하게 운영되지 않고 국민에 대한 감시 통제와 해외 공작에만 이용되고 있다.

CIA는 마약의 국제적 수송을 통해 번 자금을 비밀 작전과 연구에 투입하고 있다. 또한 반미 정권을 무너뜨리기 위해 반군을 지원하고 암살단을 운용하기도 한다.

세계정부에 반대하는 자나 검은 세력의 음모를 폭로하는 자는 누구든지 CIA가 사고사나 자살을 가장해 제거한다.

세계적인 경제공황을 준비하다

국제 금융가들은 시장 조작을 통해 인위적인 호황과 불황을 만들어 자산을 헐값에 샀다가 비싸게 되팔아 이익을 얻고 있다. 거액의 투기성 자금이 전 세계를 넘나들면서 경제 혼란을 야기하고, 물가가 폭등하고 있다.

투기 자본이란 산업 활동에 돈을 투자하는 것이 아니라 단기 금융 이익을 위해 몰려다니는 돈인데 자본주의가 발달할수록 쉽게 돈을 벌려는 투기 자본은 많아지고, 전통적인 산업 활동은 위축되게 된다. 이러한 투기 자본이 복잡하게 얽힌 파생 상품은 한 곳에 문제가 생기면 연쇄적으로 부실이 확산돼 공멸하기 쉬운 구조다.

미국 중앙은행인 FRB^{Federal Reserve Bank}(연방준비은행)은 프리메이

  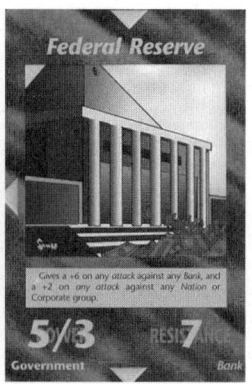

| 시장 조작 | 환투기 | 연방준비은행 |

슨 소유의 사설 기업으로 채권의 이자율과 기축통화인 달러의 통화량 조정으로 전 세계 경제를 좌지우지한다. 그러나 미국 국민의 세금은 상당액이 천문학적인 빚의 이자를 갚는 데 사용되고 있다. FRB는 결국 미 정부를 빚에 옭아매 붕괴시키고 경제공황을 유발해 세계정부 수립과 세계통화 사용을 촉진할 것이다. 이에 대해서는 2부의 4장에서 자세히 살펴볼 예정이다.

정치 같은 '복잡한 문제'는 신경쓰지 마!

지금도 케이블 TV의 수백 개 채널에서는 하루 종일 방송이 돌아간다. 사람들은 점점 더 잔인하고 선정적인 프로그램에 중독된다. 그러면서 복잡한 정치 문제는 신경 쓰지 않고, 언론이 이끄는 대로 판단력을 상실한 채 따라간다. 이러한 대중문화의 영향으로 미국 인구의 3퍼센트만 책을 읽고, 15퍼센트만 신문을 읽는다.

드라마, 영화, 음악 등 대중문화 속에 은근히 사탄 숭배 상징과

| 케이블 TV | 채널 돌리지 마 | 헐리우드 |

마인드 컨트롤 메시지를 주입하고 있다. 영화 산업의 중심지 헐리 우드^{Holly Wood}, 원래 '헐리우드'란 말은 호랑가시나무를 말하는데 마법사들이 마법을 행할 때 사용하는 지시봉이다. 즉 마법 지시봉 같이 이 세상을 마법에 홀린 사람처럼 이끌어 나가겠다는 뜻이 담겨 있다. 이것은 이미 110여 년 전, 시청각 도구를 만들어 인간을 생각할 수 없는 단순한 동물로 만들자는 '시온 의정서'에 포함된 계획 중 하나다.

잠재의식을 이용해 사람들의 행동을 자극한다

'서브리미널 효과^{subliminal effect}' (잠재의식 효과)란 인간이 의식할 수 있는 수준 이하의 짧거나 작은 자극들이 인간의 감정이나 행동에 큰 영향을 미친다는 이론이다.

영화, 음악, 광고, 제품 디자인에 성적 암시를 주는 장면이나 소리를 몰래 심으면 대중의 잠재의식에 영향을 준다. 또 서브리미널 효과는 부정적 선전에 효과가 큰 것으로 알려져 상대 후보를 비방하는 정치 광고에 쓰이고 있다.

일루미나티는 다양한 성인 잡지나 포르노물로 성적 문란을 조장하고 가정을 파괴한다. 포르노와 매춘은 일루미나티

성인 잡지

서브리미널 효과

의 주 수입원이기도 하다.

일루미나티의 7가지 목표는 '개별 국가의 파괴, 사유재산제도 폐지, 상속권 폐지, 애국주의 파괴, 종교의 파괴, 가족제도의 폐지, 단일세계정부 수립'이다(2부 5장을 보라). 사회를 타락시키면 범죄가 만연하고 부정부패가 심해져 국가와 가정은 저절로 붕괴된다. 이때 기강을 잡는다며 사회주의 독재 정부가 등장해 법 적용을 엄격히 하면 오히려 환영받을 것이다.

초능력의 출처는 어디인가?

아이들은 어릴 적부터 만화, 영화, 음악, 소설 등을 통해 마녀, 마술, 마법, 사탄 숭배 등에 친숙하다. 슈퍼맨이나 배트맨 같은 영화를 보면 인간이 초능력을 가진 신적 존재가 될 수 있다는 뉴에이지 사상과 간접적으로 친해지게 된다.

마녀 　　　　　　　　 전화 심령술사

세상에서 성공하기 위해 긍정적인 사고방식을 통하면 무엇이든 할 수 있다고 생각하며, 명상을 통한 평화와 명상의 힘을 점점 의지하게 된다. 그래도 불안한 마음에 사람들은 점차 심리학자의 조언이나 점성술사의 예언에 의지하게 된다. 오컬트Occult(신비적, 초자연적 현상) 의식을 통해 악령을 소환하며 계시를 받는 마녀는 프리메이슨에서 높은 지위를 차지하고 있다. 점성술, 카발라, 타롯카드, 마법 등은 고대 신비주의 종교로부터 중세 프리메이슨과 장미십자회Rosicrucians를 거쳐 현재 황금새벽회Hermetic Order of the Golden Dawn에 이르는 어둠의 전통이다(2부 7~8장을 참고하라).

전염병을 만들어내는 제약 회사?

조류인플루엔자AI, 중증급성호흡기증후군SARS, 구제역Aphtae epizooticae, 에볼라 바이러스Ebola Virus 등 최근 20년 동안 30여 종의 신종 전염병이 발생했다. 유럽은 슈퍼박테리아의 출현으로 공포에 떨었으며, 중국은 에이즈와 유사한 괴질이 유행했다.

전염병　　　　　　제약 회사

유럽 의원총회는, 2009년 신종플루H1N1 사태에 대해 말하기를 대형 제약 회사들이 세계보건기구WHO에 '대유행Pandemic'을 선언하도록 압력을 가해 벌어진 결과라고 주장했다. 신종플루의 사망률이 계절 독감의 10분의 1도 안 되는데도 WHO와 언론은 공포심을 조장한 것이다.

또 신종플루는 돼지, 조류, 사람의 인플루엔자 유전자가 복합적으로 결합된 형태였기 때문에 신종플루가 인위적으로 만들어졌다는 의문이 제기되어 왔다. 통상의 경우처럼 한두 가지 유전자에서 변이가 일어난 게 아니라 자연적으로 쉽지 않은 세 가지 유전자가 하나로 결합하는 과정을 거쳤다는 점에서 실험실에서 인위적으로 만들어졌을 가능성도 있는 것이다.

사실 대부분의 다국적 제약 회사는 프리메이슨 계열로 효과가 불분명하거나 부작용이 심한 약을 특허를 이용해 비싸게 팔고 있다. 신종플루 덕분에 항바이러스제를 독점 생산하는 스위스의 제약 회사 로슈홀딩Roche Holding은 큰 돈을 벌었다.

전 세계를 상대로한 집단 심리 조종

일루미나티의 목적은 중산층을 없애고, 소수의 지배층과 다수의 노예층만 남기는 것이다. 일루미나티는 이미 CIA, NASA, 정신병원, 교도소 등과 함께 완벽한 마인드 컨트롤 기술을 개발해 인간을 자신들의 목적에 따라 로봇처럼 조종하는 것이 가능하다.

이를 위해 약물, 전기 충격, 세뇌, 최면, 선동, 전자기파 등의 다양한 방법이 동원된다. 하프나 위성을 이용해 뇌파를 조종하는 전자

위성 마인드 컨트롤 레이저

기파를 발사해 집단적으로 심리를 조종할 수도 있다. 올림픽이나 월드컵 등 많은 사람이 시청하는 방송에 집단 최면 신호를 넣을 수도 있는 것이다.

영구 동력 기관   다국적 석유 회사   에너지 위기

에너지 위기가 일어나도록 방치하는 세력

자연에 존재하는 에너지를 이용해 영구 동력 기관을 만들 수 있는 기술이 개발되고 있지만 다국적 석유 회사의 방해로 실용화되지 못하고 있다. 그동안 다국적 석유 회사는 중동 정세의 불안을 조성하고, '라운드 팁 트레이드Round Tip Trade' (석유 구매 후 되팔아 가격을 올리는 수법)를 통해 고유가를 조장해 왔다. 그러나 이제 에너지 위기는 현실이 되고 있다.

국제에너지기구IEA는 〈세계 에너지 전망 2010〉을 통해 2020년의 하루 원유 생산량이 6,800만~6,900만 배럴일 것으로 예상했다. 이는 2006년 최고치인 7,000만 배럴보다 적은 수준으로 최고점을 지난다는 얘기다. 이에 반해 중국과 인도 등이 경제 대국으로 부상하면서 석유 수요는 지속적으로 늘어나는 추세다.

지금으로부터 20여 년 뒤인 2035년 세계의 실제 석유 수요는 2009년에 비해 하루 1,500만 배럴 늘어난 약 1억 배럴에 도달할 것

| 시온 장로 | 템플 기사단 | 바티칸 시 |

으로 전망된다. 따라서 에너지를 확보하기 위한 국제 분쟁이 생기지 않을 수 없다.

세상을 뒤흔드는 3대 음모 세력

세계 3대 음모 세력을 꼽자면 유대계 금융업을 주축으로 한 일루미나티, 템플 기사단을 원조로 하여 유럽 왕족이 중심이 된 프리메이슨, 개신교에 대항하기 위해 로마 가톨릭에서 파생된 예수회Jesuit 세력을 들 수 있다. 세상을 지배하기 위해 일루미나티는 '돈'을, 프리메이슨은 '권력'을, 예수회는 '종교'를 사용한다.

고위층 유대인들은 성경보다 카발라(신비주의)와 탈무드(인본주의)를 신봉함으로 스스로 악마와 돈의 노예가 되었다. 프리메이슨은 여러 산하 단체를 통해 미국과 유럽 정부를 조종하고, 가톨릭은 종교통합운동에 앞장서고 있다. 이들은 결국 서로에게 적이지만 세계 정부 수립을 위해 지금은 연합하고 있다. 성경에 의하면 유대인 세력과 가톨릭 세력은 말세에 프리메이슨 세력으로부터 배반을 당해 핍박을 받게 된다.

그러나 대언자 다니엘을 통해 말씀하신바, 황폐하게 하는 가증한 것이 서지 못할 곳에 선 것을 너희가 보거든 (읽는 자는 깨달을지어다.) 그때에 유대에 있는 자들은 산들로 도망할지어다. _막 13:14

네가 본 열 뿔 곧 짐승 위에 있는 이것들이 그 음녀를 미워하여 황폐하게 하고 벌거벗게 하며 그녀의 살을 먹고 그녀를 불로 태우리라. _계 17:16

교육의 중요성에 눈을 뜬 일루미나티

존 퍼킨스John Perkins는 《경제 저격수의 고백Confessions of an Economic Hit Man》이란 책에서 자신이 '경제 저격수'로 활동했던 것을 폭로하면서 잘못을 참회하고 있다. 경제 저격수란 겉으로는 다국적 컨설팅 회사의 직원으로 개발도상국의 경제 개발을 돕는 전문가로 행사하지만 사실은 후진국 지도자에게 접근해서 막대한 빚을 지게 하고, 개발 사업에 미국 기업을 참여시켜서, 자원을 강탈하는 역할을 하는 자들을 말한다.

그 역시 보스턴 대학교에서 경영학을 전공하고, 미국 국가안보국NSA에서 훈련받은 다음, 인도네시아 전력 개발 사업, 사우디아라비아 돈세탁 프로젝트, 이란 국왕 축출, 파나마와 에콰도르 대통령 사망 사건, 이라크 전쟁 등에 어떻게 참여해왔는지 폭로한다. 그는 친구였던 에콰도르의 대통령 하이메 롤도스 아길레라Jaime Roldos

Aguilera와 파나마의 대통령 오마르 토리호스Omar Torrijos가 의문사 당한 것에 대해 실은 암살당한 것이라고 주장하면서 자신의 이야기를 썼다.

일루미나티는 1911년부터 교과서 출판사들을 사들여 기독교적인 가르침은 배제하고, 인본주의 역사와 진화론 과학을 가르쳤다. 학교에서는 학생들에게 자유주의를 가르쳐 도덕관념이 약화되고 개인주의와 물질주의적 사고방식에 빠지게 했다. 학력 저하도 심각해 미국의 수학과 과학 성적은 OECD 평균 이하이고, 미국 인구의 20퍼센트가 문맹이다.

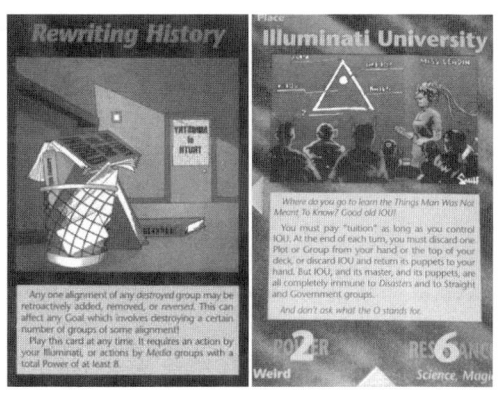

다시 쓰는 역사   일루미나티 대학

하버드 대학교, MIT, 프린스턴 대학교, 예일 대학교, 스탠퍼드 대학교 등 미국의 명문대는 자신의 조직에 충성할 일루미나티 인재들을 길러내는 곳으로 변했다.

비상 계엄령을 일으켜 개인의 자유와 권리를 억압하다

일루미나티는 인위적인 재앙을 일으켜 혼란한 틈을 타 비상 체제나 계엄령을 선언하고, 언론을 통제해 독재 체제를 구축할 것이다. 대부분의 군 고위층은 프리메이슨이며, 계엄령을 통해 미국 정권을 장악하고 사회를 통제할 수 있다. 새롭게 들어서는 사회주의 체제

비상 권력   계엄령   국유화

는 사유재산을 몰수하며, 개인의 자유와 권리를 억압할 것이다.

이에 반항하는 사람은 체포해 FEMA 수용소로 보낸다(3부 5장에

서 다룬다). 화폐개혁을 통해 구권을 무효화시키고 은행문을 닫으면

독재 정부가 주는 배급에 의존할 수밖에 없다. 새로운 화폐는 몸에

심는 생체칩의 전자화폐만 인정해 개인에 대한 완벽한 감시와 통제

를 실시한다.

미국 대통령의 EOs^Executive Orders(행정 명령), PDs^Presidential

Directives(대통령 지침), PDDs^Presidential Decision Directives(미 대통령 시행령)를

통해 의회에 승인을 받지 않고도 일루미나티의 통제 정책을 시행할

수 있다. 단 하나의 행정 명령^EOs이 미국 정권 전체를 붕괴시킬 수도

있는 것이다.

계엄령 이후에 벌어질 일들

신세계질서 계획에 의하면 모든 사람의 몸속에 마이크로칩을 삽

세금 개혁   사이보그 군인   미군이 기획중인 첨단 보병

입해 신분 확인과 상품 매매와 세금 납부를 하게 하는데 이를 따르지 않으면 성경대로 단두대에서 목 베임을 당하게 될 시절이 도래한다. 마이크로칩은 계시록에 예언된 666짐승의 표와 같으며 누구나 오른손이나 이마에 받게 된다.

마인드 컨트롤로 이성을 잃어 명령대로 살인을 하고 기계 장치와 융합된 사이보그 군인이 비상 사태 시 치안을 맡아 반대자들을 거침없이 제거할 것이다. 이들은 첨단 무기와 통신 체제, 감시 장비, 방호 장비 등을 갖추어 일반 군인에 비해 수십 배의 전투력을 갖는다.

인위적인 인구 축소를 계획하다

일루미나티의 최종 목표인 '인구 축소' 카드에는 '너무 많은 사람들이 너무 많은 문제를 만들어 낸다.' 라고 적혀 있다. 일루미나티 최종 목표는 바로 인구 축소다. UN은 2011년 70억인 인구가 2100년에는 100억을 넘길 것으로 전망했다.

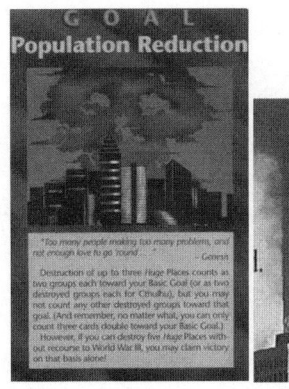

인구 축소

9·11 테러 시 나타난
해골 모양의 연기

엘리트들이 통치하기 좋은 환경을 만들기 위해 식량과 자원을 소비하는 인류의 80~90퍼센트가 전쟁과 재해와 전염병과 기아 등으로 제거될 것이다.

왼쪽의 일루미나티 카드 그림의 세계무역센터 쌍둥이 빌딩과 실제 사진인 엠파이어 스테이트 빌딩 위에 해골 모양 연기를 보자. 9·11 테러 당시 연기에 마귀 형상이 나타나 화제가 된 적이 있었던 이 사진은 너무나 '우연히도' 카드 그림과 닮았다.

외계인의 지구 침공 시나리오

세계정부를 수립하고 통제하는 일은 정상적인 방법으로는 불가능하다. 나라마다 뿌리 깊은 민족 감정과 애국심이 남아 있기 때문이다. 분열된 지구를 하나 되게 만드는 가장 좋은 방법은 'UFO와 외계인의 지구 침공'이다. 그러면 지구 공동체 의식이 생기고, 세계정부와 세계군대의 필요성을 느끼게 될 것이다.

미국은 이미 비행접시형 비행체를 개발했고, 하늘에 홀로그램을 보여주는 '블루빔 프로젝트'도 완성돼 가짜 외계인 침공도 가능하다(3부 6장 참고).

또한 미국 정부에서 UFO와 외계인 관련 자료는 최고 기밀로 취

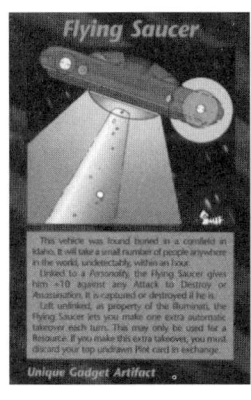

비행접시   외계인에 의한 납치   맨 인 블랙

급되며, 검은 옷을 입은 요원들이 목격자의 증언이나 촬영 공개를 막고 있다.

적그리스도의 등장

이들 카드에 나타난 내용을 보면 말세의 대혼란 시기에 엄청난 문제를 해결할 능력 있는 세계정부의 지도자가 나타나 메시아(구세주)로 추앙받지만 실은 적그리스도적인 인물이다. 그는 여러 기적을 선보여 사람들을 미혹할 것이고, 머리에 치명적인 상처를 입고도 기적적으로 다시 살아날 것이다. 그는 아랍과 분쟁하던 이스라엘이 7년 동안 평화 조약을 맺게 하고 성전을 회복하게 하지만 중간에 배신해 제사와 예물을 금지하고 자신이 하나님이라며 우상을 세워 경배하게 할 것이다.

테이프가 끝이 나는 카드에서는 지구가 둘로 갈라져 천재지변이 일어남을 암시한다.

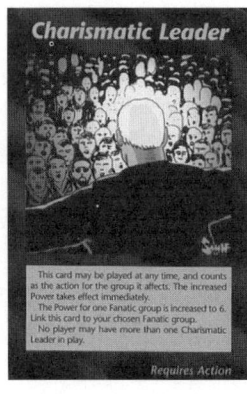

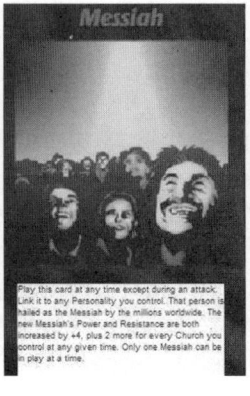

카리스마적인 지도쟈 　　　　메시아 　　　　테이프의 끝

그들이 그 짐승에게 권능을 준 용에게 경배하고 또 그 짐승에게 경배하여 이르되, 누가 이 짐승과 같으냐? 누가 능히 그와 전쟁을 하겠느냐? 하더라. 또 용이 그에게 큰 것들을 말하며 신성모독하는 입을 주고 또 마흔두 달 동안 지속할 권능을 주매 _계 13:4-5

이미 계획된 3차 세계대전

3차 세계대전

인류 대학살과 세계정부 수립을 위한 마지막 카드는 3차 세계대전이다. 프리메이슨 33도이자 일루미나티인 앨버트 파이크Albert Pike(1809~1891)는 '일루미나티의 최종 목적을 달성하기 위해서는 3번의 대전쟁이 필요하다.' 고 주장했다.

1871년 앨버트 파이크는 주세페 마치니 Guiseppe Mazzini(1805~1872)에게 편지를 썼는데,

이 편지에 3번의 세계대전에 관한 계획이 들어 있었으며, 이 편지는 유출되어 대영박물관 도서관에 소장되었고, 캐나다 해군이자 작가인 윌리엄 가이 카 William Guy Carr(1895~1959)가 몰래 필사하여 세상에 공개하였다.

3번의 세계대전에 관한 편지를
필사하여 세상에 공개한
윌리엄 가이 카

앨버트 파이크는 편지에서 '1차 세계대전은 러시아 차르 왕정 체제를 전복하고 러시아를 무신론 공산주의 이념의 요새로 만들기 위한 목적으로 진행되어야만 한다.'고 기술했고 그대로 실현됐다.

그는 '제1차 세계대전은 영국과 독일의 고위층 일루미나티의 알력을 이용해 일으켜야 하며 전 유럽을 대상으로 삼아야 하고, 이 전쟁이 끝난 후에는 공산주의를 굳건히 세워 여타 약소국을 파괴하고 종교를 약화시켜야 한다.'고 언급했다.

2차 세계대전에 관해 앨버트 파이크는 '2차 세계대전은 파시스트 세력(독일, 이탈리아)과 시오니스트 세력(유럽, 미국)의 반목을 이용해 일으켜야 하고, 전쟁의 결과로 파시스트 세력은 괴멸되고, 시오니스트들은 팔레스타인 지역에 주권국가(이스라엘)를 세울 충분한 힘을 가져야 한다.'고 적었다.

그는 '2차 세계대전을 이용해 공산주의 세력은 기독교 세력과 균형을 이룰 수 있도록 힘을 키워야 하며, 최종적인 단일세계정부를 달성하기 전에 우리의 의도를 벗어나지 못하도록 우리는 공산주의 세력을 지속적으로 감시하고 견제하여야 한다.' 고 했다.

앨버트 파이크는 3차 세계대전을 일루미나티의 최종 목적인 단일세계정부 수립을 달성하기 위한 마지막 전쟁이라 칭했으며, 3차 세계대전은 일루미나티 내의 고위 정치인인 시오니스트들과 이슬람 세력의 반목을 이용해 일으켜야 한다고 했다. 이 과정에서 시오니스트 지원 세력(영 · 미 · 유럽연합)과 아랍 이슬람 지원 세력(중 · 러 · 인도)을 충돌시켜 멸망시킨다. 그의 계획에 대해 들어보자.

전 세계를 피로 물들이는 무서운 혼란을 조작, 확산시켜 무신론과 야만주의 외에는 인간이 기댈 것이 없게 만든다. 이리하여 우리는 우리에게 대항하고 문명을 지키려 하는 자들을 피의 철권으로 진압 · 제거하며, 그 혼란 중에 말세에 인간들을 구원하리라던 모든 종교의 성스러운 존재(예수, 마호메트 등)는 지옥보다 더한 인간의 고통을 외면하고 나타나지 않아, 결국 아무짝에도 쓸모없는 존재로 전락하게 해야 한다. 인간들은 절대적인 존재에게 이 고통을 벗어나게 해달라고 간절히 염원하지만, 이미 기독교와 이슬람의 신앙은 파괴되어 어디에 호소할지를 모르는 상태가 되게 한다. 마침내 대혼란과 공포에 빠진 인간들에게 한줄기 빛은 루시퍼(사탄)의 교리임을 공개적으로 천명하며, 마지막 때를 기다리던 우리 일루미나티와 우리의 종교를 전면에 공개적으로 등장시킨다. 루시퍼의 교리를 공개적으로 천명함과 동시에 기독교, 무슬림, 무신론자들을 전부 정복하거나 제거하여 단일세계정부를 세우고 '신세계질서'를 구현한다.

삼극위원회 대변인인 즈비그뉴 브레진스키Zbigneiw Brzezinski는 '신세계질서는 세계를 하나의 국가로 통합시키는 실행 방법이다. UN은 세계정부의 집권부가 되고, 정치와 종교와 경제를 단일화시키기 위한 방법으로 모든 나라들은 핵무기를 축소 또는 감축시키고 대신에 각 나라의 군대를 UN군으로 편입시켜 결국은 UN군이 보안을 담당하게 하는 것이 목표다.' 라고 말한 바 있다.

"우리는 당신들이 원하든 원치 않든지 간에

단일세계정부를 가질 것이다.

유일한 문제는 그 정부가 정복에 의해서 세우는 것인가,

혹은 동의에 의해서 세우는 것인가 하는 점이다."

_폴 워버그 (Paul Warburg, 시온주의 은행가, FRB 창설)

CHAPTER 2

미래를 예언하는
덴버공항 벽화

프리메이슨 상징물로 가득한 공항

미국 콜로라도 주 덴버공항에는 미래를 예언하는 듯한 섬뜩한 벽화, 수많은 프리메이슨 상징물, 수상한 대규모 지하 시설 등이 있어 사람들의 관심을 끌고 있다.

이 현대식 시설은 나치의 스와스티카swastika 모양의 활주로 5개를 갖춘 국제공항이며, 공사비로는 48억 달러나 들었고 초기에 예상했던 것보다 훨씬 많은 돈과 시간을 들여 완성되었다. 1980년대 말에 착공되어 1995년에 완공된 덴버공항은 당시 페데리코 페냐Federico Pena 덴버 시장의 최우선 프로젝트였다. 그런데 기존의 스테이플턴 공항Stapleton Airport이 지역 국제공항으로서의 역할을 충분히 소화하

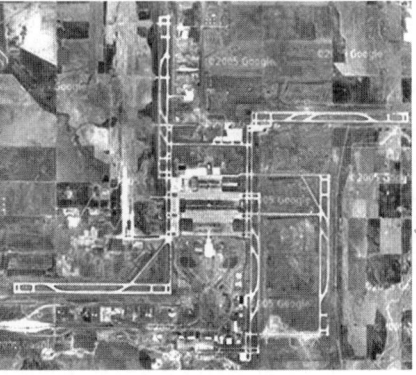

덴버국제공항(The Denver International Airport)

고 있었기 때문에 덴버에 새로운 공항을 설립한다는 것은 참 이상한 일이었다.

덴버공항 지하 기지에서는 무슨 일이?

공사 기간 동안 덴버공항 지하에 대규모 군 기지의 건설이 병행되고 있다는 소문이 꾸준히 돌았다. 지역 주민들은 공사 도중 지하

덴버공항 지하 기지

에서 이상한 소리가 들려 온다고 증언했고, 수년 동안에 걸쳐 수천 대의 덤프트럭이 여기서 파낸 흙을 외부로 날랐다는 보도도 있었다.

이는 대재앙에 의한 파괴가 일어났을 때를 대비

하여 정부가 COG^{Continuity of Government}(정부기능 연속성)라는 비밀 계획을 실행하려는 것으로 보인다.

COG는 유사시에 국가 지도자들과 엘리트들이 대피할 수 있는 준비를 해놓는 것인데 덴버는 미국 본토의 중심부에 자리 잡고 있고, NORAD^{North American Aerospace Defense Command}(북미항공우주방위사령부) 역시 같은 콜로라도 주 피터슨 공군기지 내의 지하 기지에 있다. 덴버공항 공사에 참여했던 인부들은 지하 30~40층까지 내려가는 엘리베이터에 대해 얘기하고, 정보기관에 근무했던 사람들은 로키산맥의 중심까지 고속철도가 연결된다고 언급했다.

덴버공항 주변의 청색 말

덴버공항 주위에는 유리섬유로 만든 높이 10미터의 거대한 말이 두 발을 들고 서 있는데 요한계시록 6장 8절[■]의 청황색(창백한) 말을 연상시키며, 몸에는 정맥이 드러나 있고, 눈에선 불길한 붉은 빛을 내뿜고 있다.

실제로 제작자 루이스 히

덴버공항 주변의 청색 말

■ "이에 내가 바라보니, 보라, 창백한 말이라. 그 위에 탄 자의 이름은 사망인데 지옥이 그와 함께 따라다니더라. 그들이 땅의 사분의 일을 다스릴 권능을 받아 칼과 기근과 사망과 땅의 짐승들로 죽이더라."

메네스Luis Jimenez는 작업 도중 사고로 죽었다.

프리메이슨이 덴버공항 남쪽 그레이트 홀Great Hall에 세운 기념비는Capstone은 페나 덴버시장을 비롯한 유력 인사들에게 감사한다는 메시지가 새겨져 있다.

기념비 내용에는 '신세계공항위원회New World Airport Commission'가 언급되어 있는데 공식적으로 존재하지 않는 단체이며 프리메이슨 상징인 컴퍼스와 직각자가 새겨져 있다. 기념비 가 세워진 그 밑에는 2094년 개봉될 메시지가 들어 있는 타임캡슐이 있다.

덴버공항 안에는 주로 중세 성당의 지붕에서 볼 수 있는 가고일 Gargoyle도 보인다. 대개 큰 사원의 지붕 등에 날개가 있는 괴물의 상이 놓여 있는 경우가 많은데 이것이 가고일이다. 원래 악마의 이미지로 만들어진 상인데 덴버공항의 가고일은 타락한 천사인 마귀의 형상을 하고 있다. 공항이라 그런지 마치 여행용 가방에서 튀어 나온 듯한 모습이다. 공항 밖에서는 이집트 죽음의 신 아누비스Anubis

프리메이슨이 기증한 기념비

가고일   아누비스

도 만날 수 있다. 자칼의 머리를 한 아누비스는 오시리스의 아들로
죽은 자를 법정으로 인도하는 저승사자다.

첫 번째 벽화 : 3차 세계대전을 암시하다

수화물 찾는 곳과 공항의 중앙 빌딩을 구성하는 거대한 텐트 사
이에는 네 개의 벽화가 있다. ■

첫 번째 벽화에는 아래에 흑인(가슴에 꽃과 악기를 가지고 있다), 백인
(가슴에 꽃과 성경책과 다윗의 별을 가지고 있다), '아메리칸 인디언' (가슴에
옥수수와 인디언 모양의 우상을 가지고 있다) 등 3명이 관 속에 누워 있다.
이는 환난이 일어나면 다양한 민족과 종교가 사장될 것을 암시한
다. 살아남은 어린이들도 두려움에 사로잡혀 있다. 그림 위에는 대

■ 각각의 벽화 그림은 인터넷에서 '덴버공항 벽화'로 검색하면 컬러 사진으로 쉽게 찾아 볼 수 있다.
　좀 더 자세한 관찰을 위해 컬러 사진을 참고하며 읽어보자.

벽화 1. 〈관 속의 죽은 여자들〉 (The Dead Women in Coffins)

형 산불이 검은 연기를 내 뿜으며 활활 타오르고 있는데 이는 3차 세계대전(핵전쟁)이 일어날 것을 암시하고 있다.

왼쪽의 거북이와 고래는 남획으로 줄어드는 동물이고, 오른쪽 박제된 버팔로와 상아는 밀렵의 희생물이다. 가운데 유리 상자에 들어 있는 동물은 '여행 비둘기Passenger Pigeon' '큰바다 쇠오리Great Auk' '케찰Quetzal' 등 멸종되었거나 멸종 위기의 동물들이다. 중앙에 표범이 제물로 죽어 있는데 흑백 혼혈인 오바마가 암살될 것을 그린 듯하다.

중앙의 소녀와 오른쪽의 소녀가 들고 있는 마야 돌판은 지구 종말을 의미하고, 적그리스도를 세우기 위해 인위적인 환난을 조장할 수 있음을 이야기 한다.

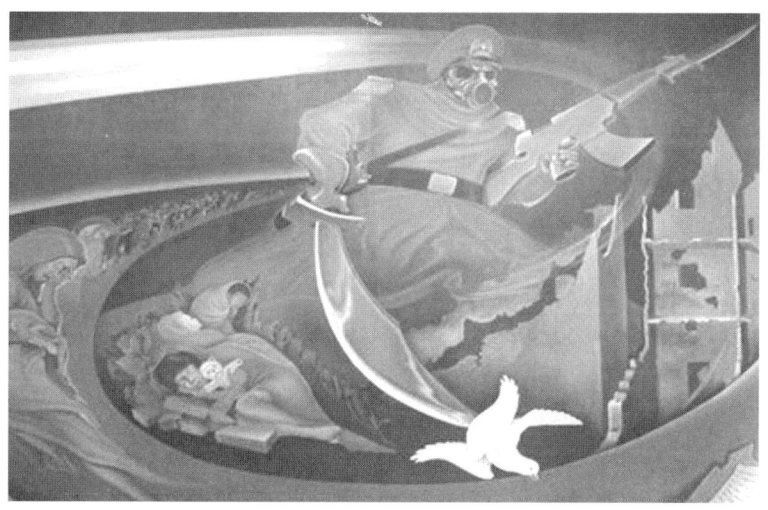

벽화 2. 〈죽은 아기들과 해골 장군〉 (The Dead Babies and General Skeleton)

두 번째 벽화 : 일루미나티가 꾸미는 인류 대학살

두 번째 벽화는 가장 공포스러운 것으로, 일루미나티의 학살 장면이다. 나치 군인처럼 보이는 장군이 독일군 모자와 방독면을 착용한 채 AK계열의 총과 아라비안 칼을 들고 있다. 곡선형의 아라비안 칼은 무슬림에 의해 살육이 일어날 것임을 암시한다. 칼을 휘두른 자리에 건물이 잘려나가고 무지개가 생겨난다. 빌딩 2개가 파괴된 것은 1995년에 그려진 벽화에서 2001년 9 · 11 테러를 예견하는 것 같다.

그는 유령 도시를 걸으며 죽여야 할 대상을 찾아다니고 있는 듯하다. 마을에는 가난한 사람들이 공포에 떨며 죽은 아기로 인해 울고 있다. 나치 장군은 오른손에 든 칼로 평화의 상징인 흰색 비둘기를 찌르고 있으며 인형을 껴안고 웅크려 자는 소녀는 살육을 피해

벽화 3. 〈행복과 기쁨〉 (Happy Happy Joy Joy)

숨어 지내는 모습이다. 오른쪽 하단의 종이에는 1943년 아우슈비츠 수용소에서 14세에 죽은 소녀의 일기가 적혀 있어 유대인 학살이 일어날 것을 암시한다.

세 번째 벽화 : 거짓된 평화를 보여주다

세 번째 벽화에는 철로 된 손을 가진 독일 소년이 칼과 무기를 해머(공산주의 상징)로 두드려 농기구를 만드는 모습을 전 세계의 어린이들이 환호하며 지켜보고 있다. 이는 성경에 예언된 세계 평화가 찾아온 모습을 그린 것이다.

그러나 해머를 들고 있는 소년은 독일 전통 복장을 하고 있는데 유럽의 왕실은 대부분 독일계 조상을 두고 있다. 정확히 말하면 독일 바바리안 복장인데 근본적으로 바바리안 일루미나티를 상징한다고 볼 수 있다.

벽화 위의 무지개는 뉴에이저들이 말하는 천국에의 길이다. 벽화 아래에 나치 장군이 죽어 있고, 평화의 상징인 흰 비둘기가 총 위에 앉아 있는 것으로 보아 전쟁이 끝난 상태다. 칼을 감싸고 있는 2개의 국기는 분쟁 당사국이다. 미국과 러시아, 이스라엘과 팔레스타인, 영국과 아일랜드, 이란과 이라크, 중국과 대만 등이다.

벽화를 수평으로 가로지르는 노란 띠에는 '평화'를 세계 각국의 언어로 표시하였다. 이 그림엔 3차 세계대전 이후 거짓 평화를 내세우며 단일세계정부를 세우고, 적그리스도를 재림 메시야로 믿게 하려는 일루미나티의 계획이 담겨 있는 것이다.

그가 많은 백성들 가운데서 심판하며 멀리 있는 강한 민족들을 꾸짖으리니 그들이 자기들의 칼을 쳐서 보습을 만들고 자기들의 창을 쳐서 낫을 만들리라. 민족이 민족을 치려고 칼을 들지 아니하며 그들이 다시는 전쟁을 배우지 아니하고. _미가 4:3

네 번째 벽화 : 신세계질서에 의한 인구 축소 계획이 완료된 후를 상징하는 그림

마지막 벽화에는 세계의 어린이들이 환상적으로 보이는 나무 (카발라 생명의 나무) 주위에 모여 밝은 표정으로 환호하는 모습을 담고 있다. 가운데 인디안 소녀 머리에 후광이 있고 '예수'라고 이름 붙였지만 뉴에이지적인 느낌이 나는 그림으로 단일종교 아래 하나 된 모습을 보여준다. 죽었던 표범과 멸종되었던 케찰새, 고래 등이

벽화 4. 〈예수와 거룩한 물건〉 (Jesus and the Holy Thingamabob)

다시 살아나 일루미나티의 이상 세계인 자연과 조화된 모습을 보여준다.

특이한 점은 그림에 유대인과 몇몇 인종이 없다는 것인데 인구 축소 계획이 완료되었음을 나타낸다. 아래 왼쪽엔 먼 거리를 이동하는 것으로 유명한 모나크 나비가 그려져 있는데 모나크 프로젝트(제3부의 3장에서 다루기로 한다)를 상징한다. 맨 밑에는 'In Peace and harmony with nature.'라는 글자가 보여 인류가 자연과 조화를 이루며 평화롭게 사는 것을 목적으로 하는 것 같지만 실제로는 일루미나티의 인구 축소와 독재 체제를 미화한 것이다.

덴버공항 벽화를 제작한 리오 엥규마$^{Leo\ Tanguma}$ 화백은 1995년에 어떤 그림을 어떻게 그려야 할지에 대해 구체적인 지시를 받았다고 이야기했으나, 2007년에 나온 〈웨스트워드^{Westword}〉지의 기사에 따르면 자신이 그림을 구상했다고 주장했다.

덴버공항 벽화에 대한 설명과 그 의미에 대한 동영상은 인터넷에
다수 공개되어 있다.

"미국은 아주 오래 전부터 지구의 기후를 조종하고 있다."

_버나드 이스트런드 박사 (Bernard eastlund, 하프 기술의 모태가 된 전리층 변환에 대한 특허 출원자)

CHAPTER 3

지진도 만들어내는
기후 무기, 하프

자연재해는 과연 '자연적' 일까?

1975년 미국과 소련은 기후 무기를 금지하기로 합의하고 31개국으로 구성된 제네바 비무장 회의에 안건을 제출했다. 이렇게 탄생한 '환경 군사이용 금지조약ENMOD'은 기후 무기를 군사적 혹은 적대적 목적으로 사용하는 것을 금하고 있다.

이 조약은 1977년 5월 18일 제네바에서 서명이 이루어졌고, 1978년 10월 5일 UN에서 발효 되었다. 그러나 조약을 위반해도 처벌 조항이 없고, 이를 감시할 기관도 없기 때문에 강대국들은 기후 무기를 계속 발전시켜 왔다.

1980년 아르코ARCO 석유 회사의 연구 소장이었던 버나드 이스트

알래스카 하프(HAARP) 기지의 안테나

런트$^{Bernard\ Eastlund}$ 박사는 전리층 변환에 대한 특허를 내고, 지하에 전파를 쏴서 자원을 발굴하는 장치를 개발한다. 이 장치의 목적은 석유 회사가 미개발 석유나 천연가스를 찾는 데 도움을 주는 것이었다. 그러나 미국 공군과 해군은 적의 터널이나 지하 기지를 찾을 수 있는 이 기술에 관심을 갖고 인수했으며, 적의 인공위성, 전투기, 미사일 등을 추적해 파괴할 정도로 발전시키게 된다. 그렇게 자신이 개발한 기술이 기후 조작과 군사 무기로 쓰이자 이스트런트 박사는 정부 연구소를 나와 진실을 밝혔다.

하프는 '고주파 오로라(극광)■ 연구 프로그램$^{The\ high\ frequency\ active}$

■ 오로라는 태양에서 온 전기입자(태양풍)가 지구자기장의 영향으로 휘어져 북극과 남극으로 진입할 때 대기 입자와 충돌해 빛이 나는 것이다.

auroral research program'의 약자다. 하프 시설은 천재 과학자인 니콜라 테슬라의 '무선전력 송전장치'를 응용한 것으로, 미국 알래스카 가코나^{Gakona}의, 70만 평의 땅에 180개의 초단파 송신 안테나 군집으로 이루어져 있다.

버나드 이스트런드 박사

하프의 원리는 간단하다. 전자레인지의 전자파가 음식을 데우듯 하프는 전리층의 한 부분을 가열하는 것이다. 하프는 고주파 에너지의 흐름을 지구 어디든 내보내서 지구의 전리층(지상에서 발사한 전파를 흡수, 반사하여 무선 통신에 중요한 역할을 함)에 도달시킨다.

전리층이 가열되면 전리권 내의 모든 미립자가 전파의 에너지를 흡수한다. 그 에너지는 진동을 일으키고 전리층에서 역으로 방사되어 저주파를 아래로 내보내 지표면과 충돌하고 반사된다. 유도된 전리층이 방출하는 에너지는 번개가 방출하는 에너지의 100배나 된다.

하프의 고주파로 지구의 전리층과 대기권 상부를 우주 밖으로 밀어내면 이를 채우기 위해 대류가 일어나고 천둥, 번개, 폭우, 폭설, 우박, 토네이도 등이 발생하며 통신 장애를 일으킨다.

더 큰 문제는 전리층이 들어 올려졌을 때 오존에 구멍이 생겨 유해한 태양 방사선이 유입된다는 데 있다. 지구 최대의 오존홀이 북극에 있는 것도 이 때문이다. 1983년 알래스카 앞바다에서 맑은 날

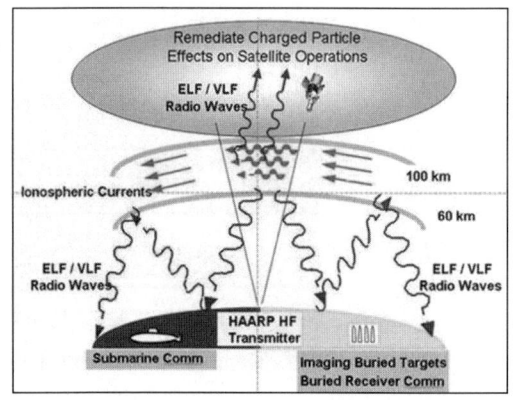

하프에서 방출한 고주파는 전리층에서 반사돼
지상에 저주파로 흡수된다

씨에 갑자기 회오리바람이 불어 닥치고 지진과 해일이 일어나 조용한 어촌이 파괴됐는데 이는 하프 실험으로 의심되는 사건이다.

하프를 개발한 버나드 이스트런드 박사는 미국 정부가 자원 발굴에 필요한 에너지인 30와트를 훨씬 초과하는 2억 와트를 사용해 기상을 조작한다고 폭로했다.

2억 와트는 미국 최대 상업 무선 시설 전력의 수만 배에 해당하는 엄청난 에너지다. 이는 인간에게 정신적 육체적으로 피해를 입히기에 충분한 강도의 전자파다. 더구나 하프에서는 인간의 뇌파와 같은 주파수인 0.5~40헤르츠(Hz, 1초에 진동하는 횟수)의 주파수도 다룬다.

러시아도 이 기술에 관심을 갖고 1970년대부터 연구했는데 오른쪽 사진의 거대한 안테나 시설은 초당 10회의 파동수를 갖고 있으며 '딱따구리' 라는 별명을 갖고 있다. 딱따구리는 하프의 수백분의 일만큼의 에너지를 사용하는데도 전 세계 무선 통신에 영향을 주고 인간 신경계에도 악영향을 끼쳐 악명을 떨쳤다.

1976년 중국 탕산의 지진으로 65만 명이 죽었는데 지진 직전, 새벽 하늘에 여러 색의 빛이 비춰진 것으로 보아 러시아 딱따구리가 사용된 것으로 추정된다. 1990년 미국 환경보호청^{EPA}은 극저주파 전자기장이 백혈병, 임파종, 뇌암과 관련 있다는 보고서를 발표했다. 그런데 가장 우려스러운 것은 하프가 마인드 컨트롤에 이용될 수도 있다는 점이다. 참고로 러시아 딱따구리가 보내는 주파수는 인간의 우울한 상태의 뇌파와 일치한다.

러시아 딱따구리

하프를 통해 기상이변을 일으킨 여러 증거들

1856년 크로아티아에서 태어난 천재 과학자 니콜라 테슬라^{Nikola Tesla}는 미국으로 건너가 토마스 에디슨과 경쟁하며 수많은 과학기술을 발명했다. 그의 뛰어난 업적 중 하나는 교류전기 시스템을 개발한 것이다. 1901년 테슬라는 전리층의 에너지를 이용하는 높이 57미터의 무선 송전탑을 세우지만 J. P. 모건의 지원 중단으로 해체한다.

그는 맨해튼의 실험실에서 실험 중 인공 지진을 일으키기도 했는데, 이는 지하에 깊이 박힌 철근에 부착된 저주파 진동 장치를 땅과 같은 주파수로 작동시킨 것이었다. 그러자 도시에 지진이 발생해

니콜라 테슬라   무선 송전탑   방전하는 테슬라 코일

빌딩들이 흔들리고, 수천 개의 유리창이 깨지며, 건물 벽에서 회반
죽이 떨어졌다. 지진이 심해지자 테슬라는 급히 진동 장치를 해머
로 내리쳐 중단시켰다.

　그는 같은 이와 같은 원리가 엠파이어 스테이트 빌딩을 파괴하거
나 지하 광맥을 찾아내고, 지구를 둘로 나누는 데까지 사용될 수도

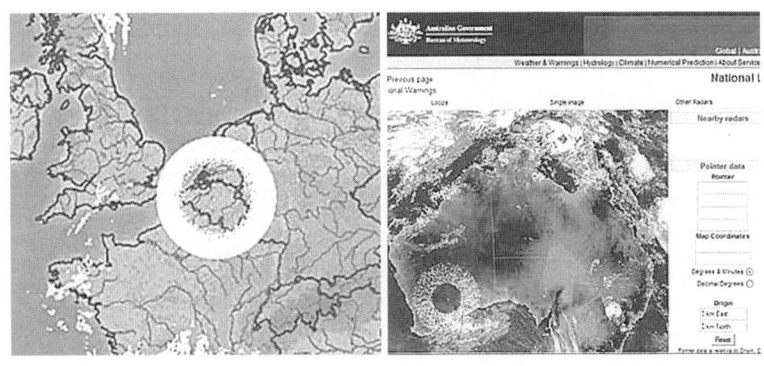

기상 위성으로 벨기에와 호주 상공을 찍은 사진에 나타난 하프링

위 사진은 2010.2.25일 발생한 칠레의 8.8 강진 직전 하늘의 모습이다.
무지개색 구름의 모습은 하프를 사용한 흔적으로 보인다.

2008.5.12일 발생한 쓰촨성 지진 2시간 전에 목격된 무지개색 구름

있다고 주장했다. 물체마다 고유의 주파수가 있어 같은 주파수를 만나면 공명하며 진폭이 점점 더 커지기 때문이다. 그 예로, 1940년 미국 타코마 시에 강풍(53m/s)에도 견딜 수 있게 만든 현수교는 초속 19m/s, 2헤르츠의 약한 바람에 공명되어 심하게 흔들리다 무너졌다. 또 그는 지구의 공명 주파수가 7헤르츠임을 알아냈다.

미국이 지진 무기로 아이티를 공격했다고
주장하는 차베스 대통령

아이티 지진 전후로 지자계 관측 결과에도 하프의 흔적이 발견된다. 하프는 2010년 1월 10일부터 지진이 일어난 1월 12일까지 작동했다. 아이티 대지진이 일어나고 며칠 후에 베네수엘라의 우고 차베스^{Hugo Chavez} 대통령은 이 지진이 미국의 '지진 무기^{Earthquake Weapon}'가 일으킨 것이라고 비난했다.

아이티는 세계화에 부정적인 나라였는데 지진이 발생하자 미국은 구호품 대신 군대를 보내 아이티를 사실상 점령했다. 우선 블랙호크 헬리콥터 20대에 나눠 탄 미군 100여명은 1월 19일 강진으로 붕괴된 포르토프랭스의 아이티 대통령궁 주변을 장악했고 미 해병들도 아이티 남서부 해안에 상륙했는데 1만 1천여 명의 미군이 아이티에 도착했다.

1996년에 미군이 발표한 보고서 '2025년 기후를 소유하다. 획기적인 군사적 수단으로서의 기후'에 따르면, 기후를 무기화하기 위한 기술은 이미 개발된 상태라고 언급했다. 기후 무기를 사용하면 홍수, 가뭄, 태풍, 우박 등 인위적인 기상이변이나 지진이 일어나 적국을 약화시킬 수 있다. 무엇보다 기후 무기는 증거

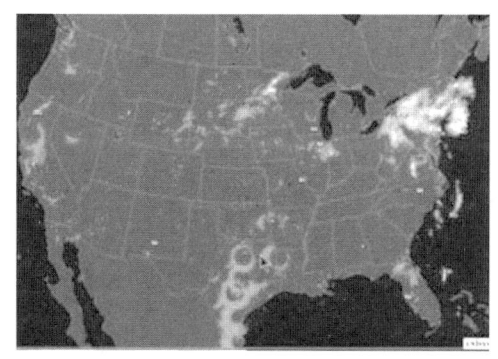

토네이도가 발생한 미국 중남부에 나타난 하프링

가 거의 남지 않기 때문에 비난으로부터 자유롭다.

도넛 모양의 구름인 하프링은 하프로 들어올려진 전리층을 채우기 위해 유입된 공기로 인해 생겨난다. 그리고 구름 상부는 전기적으로 플러스가 되고 구름 하부는 마이너스가 되어 그 전압차가 구름의 저항을 넘으면 번개가 발생한다. 또한 구름 하부가 마이너스면 지표는 플러스로 대전되어 벼락이 친다.

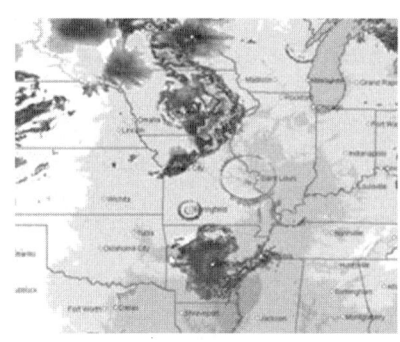

토네이도가 발생한 미국 중부에 나타난 하프링(2011.5.21)

폐허가 된 조플린 시

미국 중남부 지역에 많은 하프링이 관측되고 며칠 후인 2011년 4월 17일 강력한 토네이도가 덮쳐 수십 명이 사상했다. 하프링이 작게 나타날 땐 지진이 일어나고, 하프링이 크게 나타나면 토네이도나 홍수 등 기상이변이 일어난다. 하프링이 나타난 후 24~48시간 안에 재앙은 시작되는 것이다.

2011년 5월 24일, 강력한 토네이도가 오클라호마, 켄자스, 아칸소를 덮쳐 적어도 9명이 숨지고 60여 명이 다쳤다. 앞서 초강력 토네이도가 휩쓸고 간 미주리 주 조플린 시에서는 사망자가 124명으로 늘었고, 수백 명은 행방불명 상태이다. 도시 전체가 초토화되면서 무려 30억 달러, 우리 돈 3조 6,000억 원에 달하는 피해가 발생한 것으로 추정된다. 이 모두가 미국 중부에 하프링이 관측된 다음 날 발생했다.

2011년 3월,
일본을 덮친 기후 무기

2011년 3월 11일에 발생한 일본 동북부의 대지진은 리터 규모 9.0으로 대형 쓰나미와 원전 사고가 뒤따르면서 더 큰 피해를 입혔다. 공식 집계된 사망자는 1만 5,400여 명, 실종자는 7,700여 명에 이른다. 일본은 여러 지각판이 맞닿는 곳이라 언제 지진이 일어나도 이상하지 않은 구조이지만, 이번 지진은 그 양상이 달라 전문가도 예상하지 못했다.

일본 동북부 대지진으로 밀어닥치는 쓰나미

"일본 사상 최악의 지진으로 기록될 정도로 9.0의 규모도 대단했지만 발생 형태가 예전과는 달랐습니다. 종전과 달리 아주 길게 500킬로미터에 걸쳐 단층대가 수차례 도미노 현상처럼 무너지면서 피해가 커진 것으로 분석됩니다. 여기에다 지진 파형도 일반적인 고주파가 아니라 60여 초에 걸쳐 지속된 '저주파수'로 엄청난 양의 쓰나미를 동반했다는 설명입니다. 일본 정부나 일본 학자들이 예상하지 못한 지진이 발생했고 또 그로 인해서 전혀 준비되지 않은 상황이기 때문에 막대한 피해가 발생했습니다. 이처럼 지진 패턴이 달라지면서 지진 발생 지역이나 피해 예측이 크게 빗나갔다는 분석입니다." _YTN 2011년 3월 14일, 기사 '지진 형태가 달라지고 있다'

저주파 발생은 하프가 지진을 일으킬 때 만들어내는 전형적인 특징이며, 단층면이 미끄러질 때까지 자극시킨다. 저주파를 지표 내부에 공명시키면 지각에 진동이 일어나고, 지각판이 미끄러지면서

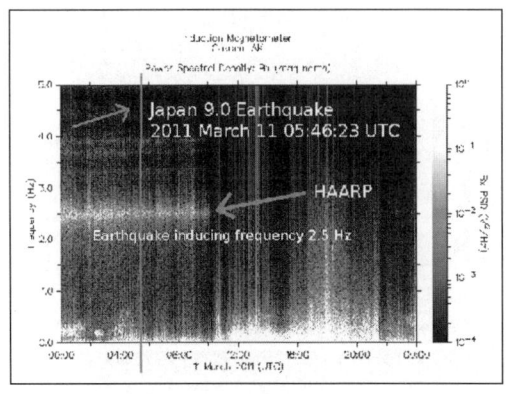

자기력계

지진이 일어난다. 지진대는 지각판이 맞닿아 서로 압력을 가하는 상태이기 때문이 작은 자극이 기폭제가 되어 큰 지진을 일으킬 수 있다.

하프 연구소에서 일하는 과학자들은 2.5헤르츠가 지진에 심각한 영향을 미치는 주파수라는 사실을 발견했다. ■ 하프 공식 웹사이트(www.haarp.alaska.edu)의 자기력계magnetometer는 하프가 발생시킨 지진의 증거를 보여줄 뿐만 아니라 그 예측에도 이용될 수 있다. 자기력계는 지구 상층부 대기의 자기장 교란을 측정하는데, 2011년 3월 8일부터 2.5Hz 주파수를 보였고, 지진이 일어난 2011년 3월 11일까지 저주파는 계속되었다.

반사된 주파수는 목표 지점의 지질학적 구조에 따라 7~8킬로미터 깊이까지 흡수된다. 특정한 궤도에 쏜 주파수는 지구의 어느 곳에서든지 지진을 일으킬 수 있다.

단발성 공격은 단단한 지각을 교란시키는 데 충분치 않기 때문에

■ 이 사실을 발견한 이래, 미군은 하프 '페이즈드 어레이 안테나'(Phased Array Antenna, 같은 안테나를 평명상에 병렬로 세운 것)를 통해 지진 주파수를 전리층에 쏘고 전리층에서 이것을 다시 지구로 반사시켜 왔다.

그들은 2.5헤르츠의 지진 주파수를 그들이 원하는 효과를 얻을 때까지 수시간 혹은 수일 동안 쏘아댄다.

최근의 지진은 진앙 깊이가 지하 10킬로미터일 경우가 많은데 이것은 하프 공격이 의심스러운 지진의 특징이다.■ 영국 국영 방송 BBC는 30만 명이 희생된 2004년 인도네시아 쓰나미 때 인도양 미군 기지인 '디에고 가르시아'가 진앙지 부근에 있었음에도 피해를 입지 않은 것과 관련, 미군을 사전대피 시킨 것이 아니냐는 의문을 제기했고, 그 원인으로 전자기파 무기 하프를 지적한 바 있다.

■ 최근에 일어난 지진의 진앙 깊이는 다음과 같다.
- 2008.5.12 쓰촨성 지진 진앙지: 10km
- 2008.10.29 파키스탄 지진 진앙지: 10km
- 2010.1.12 아이티 지진 진앙지: 10km
- 2010.10.25 인도네시아 지진 진앙지: 10km
- 2011.1.28 뉴질랜드 지진 진앙지: 10km
- 2011.3.11 일본 동북부 지진 진앙지: 10km
- 2011.3.24 미얀마 지진 진앙지: 10km

"제가 만약 환생할 수 있다면 치명적인 바이러스가 되어
세계 인구를 낮추는 역할을 하고 싶습니다."

_필립 공 (Prince Philip, 엘리자베스 2세의 남편)

CHAPTER 4

하늘에 살포되는
살인구름, 캠트레일

1998년 2월 13일, 미국의 네바다 주에 거주하는 라미레즈 산체스는 고속도로를 달리다가 정체를 알 수 없는 비행기가 이상한 액체를 뿌리는 현장을 목격했는데, 이를 뒤쫓다가 그만 그 액체를 뒤집어쓰게 된다.

그는 액체를 비닐에 담아 경찰서로 가져가 신고했는데, 테러 가능성이 있다는 판단 하에 급기야 FBI까지 출동했다. 그러나 FBI 요원이 도착했을 때 이미 산체스는 혼수상태가 되어 병원에 실려간 후였으며, 그 후 3일 뒤 숨을 거두게 된다. 탄저병균이 아닌가 의심이 든 FBI는 미 육군의 화생방 부대를 불러 현장에 즉시 투입을 한 후 조사를 실시했는데, 그 문제의 액체는 알 수 없는 종류의 미생물이었다는 것이 밝혀졌다.

이 사건은 국방성의 대테러 수사본부로 넘어가게 되었고, 당시 산체스가 본 비행기가 미 공군 소속이었다는 것이 밝혀진다. 공군 관계자에게 연락하여 수사 협조를 요청했으나 네바다 지역의 공군은 정부 차원에서 벌이는 비밀 작전이라 더 이상 언급을 할 수 없다는 답변만 보내왔고, 그 일은 곧 잊혀지게 된다.

그러나 이를 묵살할 수 없었던 FBI의 관계자가 이를 언론에 공개하였고, '정체 불명의 비행 물체가 이상한 액체를 뿌리면 신고를 하라.'는 발표를 하게 된다. 하지만 어찌된 영문인지 그 뒤 FBI는 그 액체의 성분이 '손상된 오존층을 복구하는 액체일 것 같다.'는 발표를 했고, 사건은 황급히 종결되었다.

당신도 어디선가 본 적 있는 구름

콘트레일contrail은 제트 비행기가 고고도高高度를 비행할 때 발생하는 비행운이다. 이 비행운은 비행기의 이착륙 시엔 생기지 않고 영하 40도 가까이 되는 고도 8킬로미터 이상을 날 때만 생긴다. 비행운은 크게 두 가지로 나뉜다. 첫째, 배기가스에 들어 있는 미세 입자에 주변 수증기가 달라붙었다가 얼면서 구름이 생기며 둘째, 비행기가 구름을 뚫을 때처럼 날개 끝에서 공기의 순간적 팽창으로 온도가 갑자기 내려갈 때 수증기가 얼음이 되면서 구름이 생긴다. 그래서 비행운이 엔진 뒤나 날개 끝에서 만들어지는 것도 이 때문이다. 이 비행운은 얼음 알갱이가 다시 증발하면서 보통 몇분에서

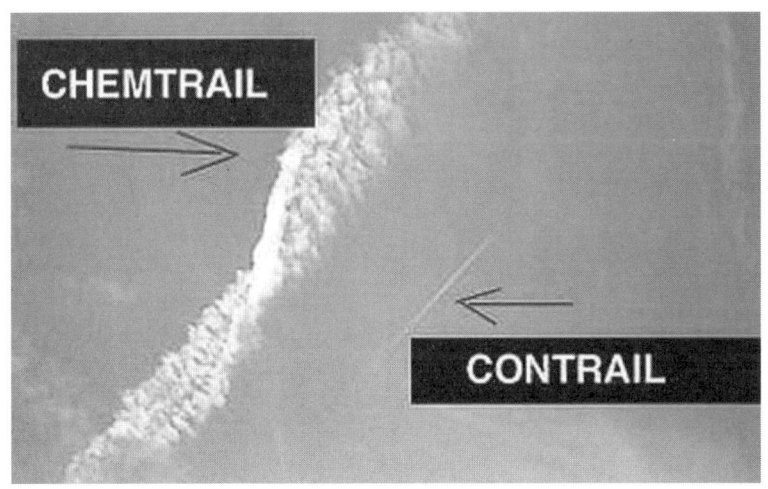

캠트레일과 콘트레일 비교

한 시간 사이에 모두 사라진다.

그런데 캠트레일chemtrail은 콘트레일과는 다른 양상의 비행운이다. 캠트레일은 저고도에서도 생기며, 콘트레일처럼 사라지지 않고 양 옆으로 퍼져서 옅은 구름의 형태로 바뀐다. 캠트레일은 동시에 여러 개가 X자, S자, 평행선 모양으로 그려진다. 또 하늘 전체로 퍼져서 5시간에서 8시간까지 머물러 있다. 캠트레일은 청명했던 하늘을 회색빛으로 바꿔놓는 원인으로 알려져 있으며 우리나라를 비롯한 세계 전역에서 관측되고 있다.

캠트레일은 적갈색의 젤 형태의 물질로 산화알루미늄, 산화바륨, 칼슘, 붕소, 각종 바이러스, 독성 물질, 기타 알려지지 않은 생물학적 요소들을 포함하고 있는 것으로 밝혀졌다. 캠트레일이 살포되는 지역에서는 호흡기 질환, 감기, 천식, 폐렴, 두통, 알레르기 등의 질

약 3시간에 걸쳐 촬영된 캠트레일
연속사진으로 청명한 하늘이
뿌연 연무로 뒤덮인다.

병이 증가한다.

캠트레일은 어떤 표식도 없는 흰색의 비행기에서 살포되는 것을 자주 볼 수 있다. 또 살포하던 캠트레일이 소진되면 새것으로 교체하여 살포하기도 한다.

캠트레일로 미세 물질을 지속적으로 살포하면 대기의 가시거리는 점점 짧아진다.■ 대기는 산소, 이산화탄소, 질소, 수증기 등으로 이루어진 기체 상태여야 하는데, 점점 더 대기 속에 '이온화 금속 소금Ionized metalic salt' 이 추가되면서 대기가 전자기 요소로 가득한 플라즈마Plasma(전기적으로 중성을 띠는 상태)가 된다. 전 세계에 뿌려지는 캠트레일은 앞에서 살펴본 하프

■ 캠트레일 연구가인 클리포드 카니컴(Clifford Carnicom)은 이렇게 말했다. "먼저 상식선으로 논의해 볼 수 있는 것이 대기의 투명성 문제인데, 즉 가시거리에 관해서다. 최근 대기상의 가시거리가 급격히 줄었다. 비행 시 사용되는 가시거리의 기준조차 바뀌었는데, 40마일에서 10마일로 줄었다."

캠트레일이 살포되다가 끊어진 모습

전자기파가 제대로 작용할 수 있도록 하는 매질 역할을 한다.

캠트레일 내의 물질 속에는 이온화 금속 소금 외에도 아주 가는 실과 같은 섬유 물질이 있다. 이는 요즘 미국 사람들이 새롭게 고통을 호소하는 모겔론스^{Morgellons} 피부병의 원인이 되는 물질이다.

이 섬유질이 피부 내에 서식하다가 피부를 뚫고 나와 큰 고통을 일으키는데 경험자들이 말하는 이 피부병의 증상은 피부가 콕콕 찌

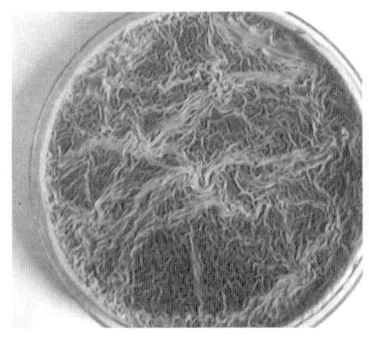
48시간 배양된 에어로졸 속의 섬유질

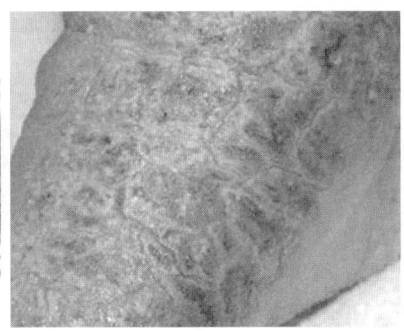
모겔론스병 발병 부위

르는 듯 아프거나 작은 벌레가 몸 전신에 기어가는 느낌, 피부에서 이상한 것들이 마구 돋아나는 느낌을 받는다고 한다.

일부 사람들은 이 증상을 수십 년씩 겪고 있다고 하는데 지난 2002년 사우스캐롤라이나 주 출신의 한 여성이 모겔론스 연구재단을 설립하면서 '모겔론스'라는 이름을 붙일 때까지는 그 이름조차 없었다. 질병통제센터[CDC]에는 최근 자신이 모겔론스 환자라고 말하면서 도움을 호소하는 전화가 하루 20통 정도씩 걸려온다며 2011년 6월부터 공식 조사에 나섰다.

캠트레일 살포 이유

우리가 사는 공간(지상 10킬로미터 이하의 대류권 공간)이 전자기파가 활발히 활동하는 이온화된 플라즈마 상태가 되면 베리칩이나 RFID(주파수를 이용해 ID를 식별하는 시스템, 일명 전자 태그)로 개인을 감시하고 통제하는 것이 더 용이해진다. 또 3D 홀로그램 이미지를 상공에 나타내기도 쉬워져 가짜 UFO나 재림주 이미지로 사람들을 미혹할 수도 있다(이에 대해서는 3부 6장에서 더 자세히 살펴보자). 이에 덧붙여 캠트레일 연구가 클리포드 카니컴[Clifford Carnicom]이 생각하는 캠트레일 살포 원인은 다음과 같다.

1. 대기 환경 조작 또는 기후 조작을 위한 환경 조성
2. 군사적 응용

애리조나 CIA 비행장에 있는 흰 비행기들　　　날개에 부착된 캠트레일 살포 장치

3. 전자기파 응용(하프와 연계)

4. 생물학적 조작에 응용

5. 지구 물리적인 환경 변화를 일으킴

6. 첨단 감시 사회 시스템 구축에 필요(베리칩과 연계)

7. UFO를 감지 또는 탐지하는 데 필요

　　많은 수의 캠트레일 연구가들은 그것이 끔찍한 모종의 어떤 계획과 관련되어 있다고 본다. 그 계획은 신세계질서로써, 궁극적인 목표는 현재 60억의 지구 인구를 10억 이하로 줄이려는 것이다. 지구 자체를 간소화시켜 하나의 통제 밑에 둔다는 세계정부 수립 계획 중 하나가 바로 캠트레일이라는 주장이다. 캠트레일은 전쟁 지역에서 유난히 많이 목격되는데, 그 동안 많은 증거 사진과 질병 발생률 등을 볼 때 분쟁 지역에서의 인구 감소를 위한 군사 전략임을 알 수 있다.

　　2001년 미국의 제 107회 정기 국회 때 데니스 쿠치니치[Dennis J.

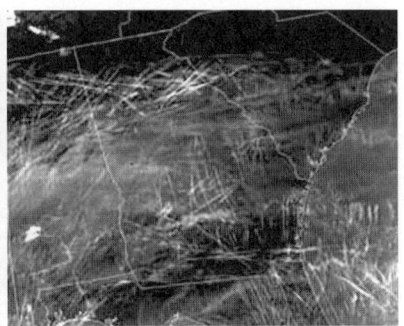

인공위성에서 보이는 캠트레일 살포 궤적

Kucinich 하원 의원이 '우주공간 보존법안'을 공식적으로 제기했는데, 이 법안에는 캠트레일을 우주 무기로 분류하여 그것을 지구 내에 반입하는 것을 금지한다는 조항이 있으며, 이 법률안은 다시 재정비를 거쳐 2002년에 국회의원 9명의 공동 명의로 법안을 재차 상정하게 되었다.

민간 차원에서도 캠트레일의 정체를 밝히려는 연구가 활발히 지속됐는데, 미국의 한 민간단체가 부시 대통령과 각료들에게 캠트레일 살포 행위를 중지하라는 서한을 보내면서 세상에 알려지게 되었다. 여기에 서한의 내용을 그대로 옮겨본다.

다음의 편지는 '미국의 현 대통령, 국방장관, 대법원장, 환경칭장, FAA항공국장' 수신의 미국 민간단체, 개인의 항의 서한이다.

위에 지명된 연방 책임자와 공공 기관에 대해 대책을 요구하면서, 나는 미국의 시민으로서, 당신과 당신의 기관에 다음과 같은 즉각적인 조치를 취할 것을 요청한다.

1. 미국과 기타 다른 나라의 공중에서 살포가 진행되고 있는 화학적, 생물학적 또는 기타 독성 분무 스프레이에 대한 공식적인 해명과 숨은 진실 공개.

2. 미국 시민에 대한 공중살포의 중지.

3. 미국 시민을 대상으로 사전 통보나 허가, 동의 없이 시행되는 모든 실험을 방지할 수 있는 법 개정.

나는 이 공중 살포를 직접 목격했다. 나는 이 공중 살포로부터 건강에 해가 되는 효과를 경험했다. 나는 책임 있고 정통한 분석가, 저널리스트, 인터넷 정보를 통해 이 살포 물질의 성분을 최근에 조사했다. 소위 '공공 기관'이라는 곳으로부터 받은 지금까지의 통보는, 이 공중 살포가 '평범한 '콘트레일'이라는 것이다. 하지만 이것으로는 불충분하다. 나는 이 공중 살포가 헌법이 보장한 기본 인권의 침해로 결론짓는다. 이것은 중지되어야만 한다.

미군은 이미 베트남 전 당시 비행기로 고엽제를 다량 살포한 전력이 있다.

고엽제는 식물을 말라 죽게 할 뿐 아니라 다이옥신(1급 발암물질)이 함유되어 있어 인간에게 각종 질병과 암을 일으

베트남 전쟁 당시 고엽제를 살포하는 미군 비행기

아프간 전쟁 당시, 캠트레일을 살포하는 모습

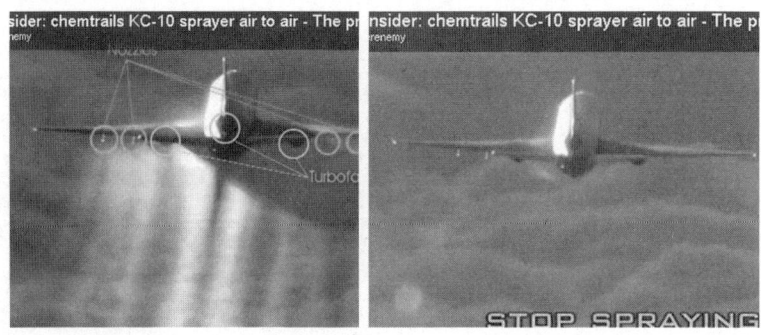

캠트레일을 살포하는 모습   살포를 중단하는 모습

킨다. 베트남전 참전용사 중 상당수는 두통, 현기증, 가슴쓰림과 피부에 혹이 생기는 등 고엽제 질환으로 현재까지 고통을 겪고 있다. 고엽제 환자들은 폐암과 전립선암 발병 가능성이 높고, 혈관이 손상돼 심장질환이나 손발 저림, 운동신경 손상도 나타나며, 팔다리가 가늘어지면서 활동이 불편해진다.

최근에는 퇴역한 미군이 베트남전에서 쓰던 고엽제, 이른바 '에이전트 오렌지'를 1978년에 경북 칠곡의 미군 기지에 대량으로 묻어 폐기했다는 증언을 하였다. 독성이 강한 화학 물질이 지하수를 타고 밖으로 흘러 나왔을 정황까지 포함돼 있어 큰 파장이 예상된다.

Part. 2 _분별하라
그림자 정부의 실상

"비밀이란 용어는 우리처럼 자유롭고 개방된 사회에서는 혐오스러운 어휘다. 또한 우리 국민은 본질적으로나 역사적으로 비밀 사회, 비밀 선서, 비밀스런 진행에 반대한다. 전 세계 영향력 강화를 위하여 은밀한 방법으로 무자비한 음모를 꾸미는 것에 반대한다. 이 조직은 거대한 규모로 인적, 물적 자원을 동원, 치밀하게 연계시켜 고도로 효과적인 시스템을 구축하고 있으며, 군대는 물론 외교, 정보, 경제, 과학과 정치의 모든 영역에서 통합적으로 움직이고 있다. 저들의 준비는 감춰진 채 공표되지 않고, 실책은 감춰지고 기사화되지 않으며, 반대자의 입을 막고 비난한다. 나는 당신에게 이 사실을 미국 국민에게 알리고 경고하는 막중한 의무를 다할 것을 요청한다."
_존 F. 케네디, 1961년 (John Fitzgerald Jack Kennedy, 미국 제35대 대통령)

"록펠러와 연합 세력은 자본주의와 공산주의를 합친 형태의
단일세계정부를 세우려 한다. 나는 음모론을 말하고 있다.
믿기 힘들 정도의 사악한 의도를 가지고 수세대 전부터
국제적 범위로 이러한 음모가 있었다고 나는 확신한다."

_래리 맥도널드, 1976년 (Larry Mcdonald, 미국 의원, 1983년 대한항공 747기 격추 사건으로 사망)

CHAPTER 1

프리메이슨의 시작

최근 영화나 도서를 통해 알려진 '프리메이슨^{Freemason}'은 주로 유럽과 미국의 정재계 엘리트들로 구성된 '비밀결사^{Secret Society}' 다. 겉으로는 친목·봉사단체를 표방하지만 속으론 이집트 신비주의 종교와 카발라를 믿고, 비밀리에 운영되는 거대 음모 세력이다.

고위 프리메이슨이 되기 위해서는 점성학, 마법, 기하학, 수 신비학, 상징학, 연금술, 요가, 명상, 형이상학, 비밀 악수와 같은 몸짓 등에 대해 배워야 한다. 프리메이슨은 중세 교회나 성곽을 건축한 석공 조합에서 유래하지만 16세기 종교개혁으로 석공 건축이 쇠퇴하면서 점차 사회 명사들을 모임에 받아들였다.

컴퍼스와 직각자는 석공의 도구이자 프리메이슨의 상징이고, 안의 G는 'God' 내지는 'Geometry'(기하학)를 의미한다. 원을 그

프리메이슨 상징 컴퍼스와 직각자(상)
GE 빌딩 정문 위의 벽화(하)

리는 컴퍼스는 완전(절제, 기술, 지식)을 상징하고, 건물의 수평과 수직을 재는 직각자는 바름(도덕성, 진실성, 정직함)을 상징한다. 왼쪽 밑의 사진은 록펠러 센터 내 GE 빌딩 정문 위에 있는 그림으로 컴퍼스(기하학)로 세상을 창조하는 창조주를 그리고 있다.

프리메이슨은 중세 이후 유럽 각지의 지부를 중심으로 활동하다가 1717년 런던에, 1728년 프랑스에 대본부가 각각 설립되면서 근대 프리메이슨이 시작되었다.

프리메이슨의 비밀주의와 조직 체계는 중세 템플 기사단Knights Templars의 영향을 받은 것이다. 십자군 전쟁 당시인 1118년 프랑스 부르군디에서 친척 관계인 9명의 기사가 예루살렘 성지 수호와 순례자 보호를 목적으로 기사단을 조직했다. 청빈을 서약한 이들 기사단은 예루살렘의 성전 터에 본부를 세워 '템플(성전) 기사단'이란 이름을 얻게 되었고, 성전 밑 땅굴을 파서 고대 유적을 발굴하다 특이한 보물을 발견해 프랑스로 다시 돌아온다. 그 보물이 무엇인지는 밝혀지지 않았지만 이스라엘 법궤나 예수의 성배나 솔로몬의 이교 유물

템플 기사단   스코틀랜드 로슬린 성당의 템플 기사단 십자가 상징

이라는 소문이 있다.

　그 후 템플 기사단은 유럽에서 귀족들로부터 많은 돈과 땅을 기부 받았으며, 이를 바탕으로 국제 금융업과 무역업을 시작해 단기간에 막대한 부를 축적하고 큰 세력을 구축했다. 그러나 1307년 10월 13일 금요일 템플 기사단의 빚을 갚기 힘들었던 프랑스 왕 필립보 4세가 이단 혐의로 템플 기사단 체포 명령을 내려 단장과 단원들을 투옥시켰다. 모진 고문 끝에 기사 단원으로부터 '바포멧^{Baphomet}이란 염소머리 우상을 숭배하고, 입단식 때 십자가에 침을 뱉으며, 동료 기사의 항문에 키스한다.' 는 등의 자백을 받는다. 결국 로마 가톨릭의 이단 판정을 받은 템플 기사단 단장 '자크 드 몰레^{Jacques de Molay}' 는 1312년 화형에 처해졌고, 템플 기사단은 공식적으로 해체된다.

　그러나 상당수의 잔존 기사들이 스코틀랜드나 포르투갈로 피신

프리메이슨 싸인인 '숨겨진 손'(Hidden Hand) 표시를 하는 모짜르트, 나폴레옹, 스탈린

한 후, 석공으로 변신해 고딕 건축 양식을 만들어냈으며, 스코틀랜드파 프리메이슨의 원조가 되었다. 스코틀랜드파 프리메이슨에는 '동방의 기사' '예루살렘 왕자'나 '신전의 사령관'과 같은 템플 기사단과 관련된 계급이 남아 있다. 스코틀랜드 에든버러에는 싱클레르 가문이 1486년에 세운 로슬린Rosslyn성당이 있는데 이곳에는 템플 기사단과 프리메이슨의 상징(그린맨, 루시퍼, 마귀)이 가득하다.

나폴레옹, 워싱턴, 모차르트, 마르크스, 스탈린 등이 초상화에서 오른손을 옷 속에 감춘 이유는 속설처럼 배가 아프기 때문이 아니라 프리메이슨 13도인 'Royal Arch Degree'를 표시하기 위함이다. 18세기 오스트리아의 작곡가 하이든과 모차르트는 비엔나의 프리메이슨 지부 소속이었다. 1791년 초연한 모차르트의 오페라 '마술피리Die Zauberflote'는 고대 이집트를 배경으로 하며, 프리메이슨의 상징과 사상을 반영한 작품이다. 오시리스나 이시스 숭배 같은 비밀스런 프리메이슨 의식을 대중에게 드러냈던 모차르트는 35세로 요절하면서 자신이 독살당한다고 생각했다.

괴테, 바이런, 세익스피어, 버나드 쇼 같은 작가도 프리메이슨에 가입해 그들의 작품에 프리메이슨 사상을 간접적으로 퍼뜨렸다. 니체, 루소, 볼테르, 엥겔스, 베이컨 등 프리메이슨 사상가도 유럽 역사에 큰 영향을 끼쳤다. 갈릴레오, 보일, 뉴턴, 제너, 아인슈타인 같은 프리메이슨 과학자들은 과학을 발달시켜 신의 영역에 도달하는 것을 목표로 했다. 나폴레옹, 윈스턴 처칠, 무솔리니, 대처, 토니 블레어, 밥 돌, 칼 막스, 블라디미르 레닌, 조셉 스탈린, 미하일 고르바초프 등 역사적으로 유명한 정치인도 대부분 프리메이슨이다. 빌리 그레이엄, 로버트 슐러, 노먼 빈센트 필, 오럴 로버츠, 제시 잭슨 같은 목사는 원래 프리메이슨이었는데 기독교에 침투해 종교통합 운동을 이끌고 있다.

근대 프리메이슨의 핵심 인물,
앨버트 파이크

앨버트 파이크는 1809년 메사추세츠 주 보스턴에서 태어난 변호사이자 패배한 남부 장군이었고, 스코티쉬 프리메이슨 33도 대사령관Grand Commander이자 일루미나티였다. 앨버트 파이크는 사탄 숭배자(루시퍼리안)였으며, 오컬트 주술에 심취했고, KKK단의 수장이었다. 1871년 앨버트 파이크는 《도덕과 교리Morals & Dogma》를 출간했는데, 이 책은 프리메이슨 의식과 교리의 교과서나 마찬가지

이다. 이 책 321쪽에서는 사탄 숭배 구절을 찾을 수 있는데 '루시퍼(사탄의 원래 이름), 빛의 잉태자여! 암흑의 영혼에게 주는 기묘하고 신비로운 이름입니다.' 라고 쓰여 있다.

프리메이슨의 교리는 1889년 7월 14일, 앨버트 파이크가 쓴 《교훈Instruction》이라는 책에 잘 나타나 있다.

앨버트 파이크(33도 대사령관)(상)
그의 저서 《도덕과 교리》(하)

"루시퍼는 곧 하나님이다. 불행하게도 아도나이(여호와)도 하나님이다. 추함이 없는 아름다움은 존재할 수 없고, 검은 게 없으면 흰 것도 없다. 절대적인 존재는 두 하나님으로 존재한다. 어두움은 반드시 빛이 필요하다. 우주적인 원리는 어차피 힘겨루기가 필수다. 참되고 순수한 철학적 종교는 바로 루시퍼를 믿는 것이다. 루시퍼는 곧 아도나이와 동격으로, 루시퍼는 빛의 신이며 선의 신이다. 이 신이 인류를 위해 아도나이와 싸우고 있다."

프리메이슨의 신은 '위대한 우주의 건축가GAOTU, Grand Architect of the Universe' 로 '모든 신들 중의 신' 이라고 한다. 이 신은 모든 종교를 포괄한 것이며, 회원이 되기 위해 누구나 믿어야 하는 신이다. 앨버트 파이크는 '메이슨들은 기독교도와 유대교도, 무슬림과 브라만, 조로아스터교도들이 모두 한 형제로서 모든 바알림^{Baalim}(바알, 가나안의 우상) 위에 있는 한 하나님께 기도함으로써 단합한다.'고 했다. 프리메이슨은 '하나의 신'을 믿는다는 점에서 범신론적이며, 신을 접근할 수 없는 '비인격적인 실체'이자 '힘의 원리'로 분석한다. 앨버트 파이크의 교리에 영향을 받은 메이슨들은 예수를 플라톤이나 마호메트와 다름없는 모범 인물로 보며, 하나님의 아들이나 구세주로 믿지 않는다.

프리메이슨에서는 어떤 경우에도 예수의 이름 "JESUS CHRIST"을 기도에 사용할 수 없는데 이것은 오늘날 미국 정계 모임에서도 흔히 볼 수 있는 현상이다. 또한 성경이 의식에 사용될 경우에도 따로 만든 프리메이슨 성경을 사용한다.

루시퍼상

프리메이슨 성경

"우리 공화국의 진짜 위협은 거대한 문어가 끈끈한 발을 뻗듯이

우리의 도시와 주와 국가를 지배하는 그림자 정부다.

이 집단의 수뇌는 작은 그룹의 은행가 집단이다.

이 작은 그룹이 우리 정부를 자신들의 이기적인 목적을 위해 운영한다.

이 집단은 드러나지 않고 커튼 뒤에서 활동하는데

우리의 행정부와 의회와 학교와 법원과 신문사와

대중을 보호하기 위해 만들어진

모든 기관을 점유하고 있다."

_존 하이런, 1922년 (John Francis Hylan, 1918~1925년 뉴욕 시장)

CHAPTER 2

두 얼굴의 대통령
(조지 워싱턴부터 오바마까지)

미국 역대 대통령의 50퍼센트가 프리메이슨

버락 오바마^{Barack Hussein Obama}대통령 당선 후 '프리메이슨 출신 대통령'을 위해 워싱턴 DC에서 프리메이슨이 주최한 취임 축하연이 열렸다. 오바마는 평상시에도 메이슨 반지를 끼고 다녀 자신이 그 단원임을 숨기지 않는다.

미국은 프리메이슨이 건국한 나라라 해도 과언이 아니다. 미국 버지니아^{Virginia}주에 있는 '조지워싱턴 메이슨 기념관'(http://www. gwmemorial.org)에는 조지 워싱턴이 의회 기공식에서 프리메이슨 앞치마를 두르고 있는 대형 그림이 있다. 이 그림은 1793년 조지 워싱턴이 그랜드 마스터로서 의사당의 주춧돌을 놓는 장면을 그린 것이

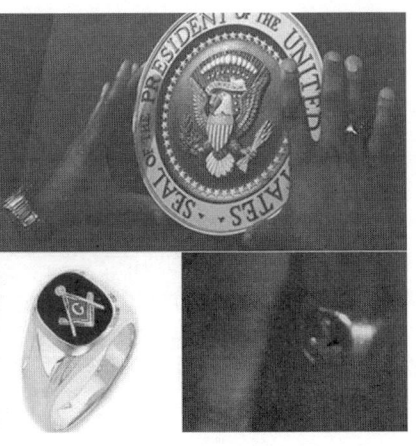

프리메이슨 반지를 낀 오바마(상)
오바마 대통령의 취임을 축하하는
프리메이슨 모임을 알리는 포스터(좌)

조지워싱턴 메이슨 기념관

프리메이슨 복장을 한 워싱턴 그림

미국 독립 선언   벤자민 프랭클린

다. 의회 돔 천장엔 조지 워싱턴이 13명의 처녀들에게 둘러싸여 신처럼 군림하는 모습이 그려져 있다. 조지 워싱턴은 20세이던 1752년 버지니아 프레데릭스버그 지부에서 프리메이슨이 되었다. 조지 워싱턴과 독립전쟁을 함께한 장군 29명 중 24명이 프리메이슨이었고, 그는 군대 내에 메이슨 지부Lodge를 허용했다. 그는 1789년 미국 초대 대통령에 취임할 때 뉴욕 '성 존스 지부St. John's Lodge'에서 가져온 메이슨 성경 위에 손을 얹고 맹세했다.

토마스 제퍼슨(제3대), 제임스 먼로(제5대), 제임스 가필드(제20대), 테오도어 루스벨트(제26대), 프랭클린 루스벨트(제32대), 해리 트루먼(제33대), 린든 존슨(제36대), 제럴드 포드(제38대), 로널드 레이건(제40대), 조지 H.W. 부시(제41대), 빌 클린턴(제42대), 조지 W. 부시(제43대), 버락 오바마(제44대) 등 미국 역대 대통령의 50퍼센트가 프리메이슨이다.

독립선언문에 서명한 56명 중 17명이 프리메이슨이었고, 독립선

Masons Who Were Presidents of the United States

프리메이슨 본부에서 발행한 미국 역대 프리메이슨 대통령 사진언문 초안을 작성한 벤자민 프랭클린^{Benjamin Franklin}(1706~1790)은 필라델피아 프리메이슨 그랜드 마스터였다. 1770년 그가 프랑스에 식민지 외교관으로 있을 때 프랑스 프리메이슨의 도움으로 자금을 빌려 미국 독립전쟁에 사용할 무기를 살 수 있었다.

프랭클린은 프리메이슨에 대해 다음과 같이 언급했다.

"프리메이슨은 독특한 교의를 가지고 있다. 적절한 교육과 검증을 거친 후에만 전달되는 교의는 회원의 성격과 자질을 증명하는 역할을 한다. 전 세계 어느 곳의 회원이든 동일한 언어와 행동을 하는 셈이다. 교의를 전달받은 이를 추방하거나 가두어도 비밀은 지켜지고 필요한 상황에 사용될 것이다. 이 교의의 긍정적인 힘은 이미 역사적 현장에서 확실히 드러났다."

전 세계 프리메이슨 570만 명 가운데 400만 명이 미국에 거주한다. 근대 유럽에선 왕실과 로마가 톨릭이 프리메이슨을 경계하고 억압했지만 미국에선 이런 제약이 없어 번창했다.

그러던 중 1826년 프리메이슨의 비밀을 밝히는 책을 출간하려던 윌리엄 모건^{William Morgan}(1774~1826)이 실종되면서 프리메이슨이 납치해 살해했다는 소문이 퍼졌고, 미국 전역에 반메이슨 열풍이 불었다.

윌리엄 모건

반메이슨 집회가 열리고, 언론과 기독교계가 프리메이슨을 비판하자 프리메이슨 회원은 직장과 교회에서 쫓겨났고 프리메이슨 지부는 폐쇄되었다.

1832년 미국에 반메이슨당까지 등장해 주지사와 의원을 당선시켰고, 미국의 프리메이슨들은 수십 년간 타격을 입었다.

대통령도 '만들어내는' 세력

2004년 미국 대선에서 공화당 조지 W. 부시와 민주당 케리 후보는 둘 다 예일대 법대 출신(케리가 2년 선배)인데다 이 대학의 가장 오래된 비밀조직인 '해골과 뼈Skull & Bones'의 회원이라 화제가 되었다. 부시 대통령은 할아버지, 아버지에 이어 3대째 이 조직 출신이다.

'해골과 뼈'는 대통령 3명(윌리엄 태프트와 부시 부자)을 비롯해 미국 지배 엘리트의 상당수를 배출했다. 케네디 대통령 시절 안보보좌관을 지낸 맥조지 번디, 외교관이자 억만장자인 에이브럴 해리먼, 타임지 창설자인 헨리 루스, 대법원 판사 포터 스튜어트, 페덱스 창설자인 프레드릭 스미스 등이 모두 '해골과 뼈' 출신이다.

'해골과 뼈'가 창설된 것은 1832년으로 아편 무역으로 큰 돈을 번 윌리엄 러셀의 아들이 예일대 재학 중 독일을 여행하면서 그곳의 비밀 종교 단체를 본떠 만든 것이다. '해골과 뼈'라는 상징은 죽음을 의미하며, 템플 기사단과 해적선과 SS친위대에서 사용했다. 매년 4월 4학년생들이 그 해의 3학년생들 가운데 '가장 미래가 촉

'해골과 뼈' 모임(시계탑 왼쪽 인물이 조지 W. 부시)

망되는 학생' 또는 해골단 선배 추천으로 15명을 지명한다.

'해골과 뼈' 신입 회원은 예일대 내 '무덤^{Tomb}'이라고 불리는 하우스에서 가입식을 갖는데 신참들은 해골이 그려진 가면을 쓰고 선배들에 둘러싸여 벌거벗은 채 돌로 된 관 위에 누워 자신의 성적^{性的} 편력을 고백하고 자위행위를 하는 의식을 치른다. 신입 회원은 템플 기사단을 본 따 '기사^{Knights}'로 불리며, 정회원은 '족장^{Patriarch}'으로 불린다. '해골과 뼈'는 미국 동부의 명문 가문과 해리먼, 록펠러 등의 재벌 가문에 의해 운영된다.

오늘날 '해골과 뼈'의 위력은 세계 질서를 배후에서 조종하고 있다는 음모론에 휩싸일 만큼 막강하다. 2차 대전 직후 CIA 창설 과정에 '해골과 뼈' 단원들이 핵심적인 역할을 한 것으로 알려져 있지만 실체는 철저히 베일에 가려 있다. 2004년 NBC의 팀 러셀^{Tim Russell}기자가 부시 대통령과 케리 후보에게 '해골과 뼈'에 관해 물

무덤(Tomb)이라고 불리는 '해골과 뼈'의 클럽 하우스　　　해골과 뼈' 상징

었지만 두 사람 모두 '그것은 비밀이라 말 할 수 없다.' 라고 답했다. '해골과 뼈' 는 죽은 자의 유골을 이용해 고대로부터 내려오는 신비 주의 의식을 계승하며 악마적 힘을 이용하는 것으로 추정된다.

1921년 설립된 미국 정재계 엘리트 연구모임인 CFR^{Council on} Foreign Relations(외교관계협의회, www.cfr.org)은 회원수가 4,000명이 넘 는 거대 조직이다. 록펠러가 기부한 건물에 본부를 둔 CFR은 겉으 로는 독립된 초당파 조직으로 외교 정책 수립을 위한 연구·자문을 맡고 있다. 그러나 CFR은 실제로는 로스차일드와 록펠러 가문의 지원과 명령에 따라 세계정부 수립을 위해 정부, 기업, 언론, 교육 등을 움직이는 '배후 조직'(그림자 정부)에 해당된다.

데이비드 록펠러는 1970년부터 1985년까지 CFR 의장을 맡아 활 동을 주도했고, 주요 신문과 TV의 경영자와 편집장도 CFR 회원이 다. CFR 회원이 되려면 주요 회원의 추천을 받아야 하고, 회원이 되 면 5년 동안 CFR 사상을 철저히 주입받는다. 여기서 키워진 인재는 협력적일 경우 정계나 재계에 자리가 마련되고, 급속히 승진한다.

CFR 멤버인 주요 정치인들

　미국의 주요 외교 정책을 수립한 즈비그뉴 브레진스키와 헨리 키신저도 오랜 CFR 회원이다. 현대 미국의 거의 모든 대통령과 장관과 외교관, 상원 의원, FRB 의장이 CFR 출신이다. 공화당이나 민주당 중 어느 당이 정권을 잡든 CFR 출신의 의원과 대통령과 관료가 주요 CFR 정책을 이어 나간다. 흥미로운 점은 안젤리나 졸리 같은 영화배우나 브라이언 윌리엄 같은 뉴스앵커도 CFR 회원으로서 CFR 홍보에 이용되고 있다.

"한 나라의 정부가 은행가의 돈에 의존하면,

정권은 정부 지도자가 아닌 은행가가 장악하기 마련이다.

돈주머니를 쥔 쪽이 아무래도 돈을 쓰는 쪽보다는 유리하기 때문이다.

돈에는 조국이 없다. 금융 재벌은 무엇이 애국이고 고상함인지 따지지 않는다.

그들의 목적은 오로지 이익을 얻는 것이다."

_나폴레옹, 1815년 (Napoleon Bonaparte, 프랑스 제1제국의 황제)

CHAPTER 3

우리 주위의
프리메이슨 흔적들

그들은 어디에나 있다

미국의 주류 언론은 프리메이슨의 통제 하에 있기 때문에 검은 세력의 음모에 대해선 보도하지 않고 여론을 호도하기 위해 조작된 기사를 내보낸다.[■]

대부분의 언론사 CEO, 이사, 편집장, 기자, 앵커는 프리메이슨이고, CFR, 빌더버그, 삼극위원회와 관계가 깊다. 금융, 자원, 에너

■ 예를 들면 ABC, CBS, NBC, PBS, CNN, AP, Reuters, New York Times, New York Post, Washington Post, Washington Times, L.A. Times, Wall Street Journal, Newsweek, Business Week, National Review, Time, Life, Look, Fortune, Reader's Digest, U.S. News & World Report, Scientific American 등이다.

전시안 모양의 CBS 로고   무지개 햇살 모양의 NBC 로고

지, 농업, 식품, 유통, 제약, 통신, IT, 군수, 미디어 관련 대기업도
대부분 프리메이슨과 관계가 있다.

많은 기업 로고에서 피라미드, 전시안^{All-seeing Eye}, 오각별, 햇살,
횃불, 여신 등을 볼 수 있다. 세계 7대 메이저 석유 회사 중 6개가
유대계 프리메이슨 소유로 '엑슨' '모빌' '스탠더드' '걸프'는 록펠
러 가문 소유이고, '로열 더치 셸'은 로스차일드 가문 소유이며,

텍사코(TEXACO) 로고   AOL-타임 워너 로고   컬럼비아 픽쳐스 로고

'텍사코'는 노리스 가문 소유다. 통신사 'AOL'와 언론사 '타임워너'는 합병한 후 수백 개의 기업을 거느린 거대 미디어 그룹이 되었다. 이들 기업의 임원은 정부 관료가 되고, 퇴직한 정부 관료는 기업 임원이 되는 회전문 인사를 하면서 자신들에게 유리한 정책을 시행한다.

빌 게이츠, 월트 디즈니, 헨리 포드, 크라이슬러, 카네기, 록펠러 등 미국의 유명한 기업인 대부분이 프리메이슨이다. 미국 건설 대기업 벡텔Bechtel의 CEO인 릴리 벡텔Riley P. Bechtel은 삼극위원회와 보헤미안 그로브의 회원이고, 구글Google의 CEO 인 에릭 슈미트Eric Schmidt는 2011년 6월 빌더버그 회의에 참석했다.

현재의 스타벅스 로고

전 세계 원두커피 시장을 점령한 스타벅스는 특이한 로고를 갖고 있다. 인어처럼 보이는 여자는 두 개의 꼬리를 잡은 채 음란한 자세를 취하고 있다. 인어는 궁극적으로 바빌론의 다곤신(물고기 모양의 신)을 나타낸다.

오리지널 스타벅스 로고

두 꼬리의 형태는 부두교 마녀의 상징인 두 인어를 나타낸다. 두 원 사이의 두 개의 별은 사탄을 섬기는 '바포

바포멧단 로고

애플사의 로고를 보면

성경에 나오는 아담과 하와가 떠오르거나
선악과와 뱀도 함께 생각나시는지?

여자가 그 나무를 본즉 먹음직도 하고 보암직도 하고
지혜롭게 할 만큼 탐스럽기도 한 나무인지라 여자가 그 열매를 따먹고
자기와 함께 있는 남편에게도 주매 그도 먹은지라..(창세기 3장 6절)

애플 앱스토어 로고

App Store
애플 앱 스토어 로고

+

프리메이슨을 나타내는 로고
컴파스와 직각자

All Seeing Eye
'호루스의 눈'

컴퓨터 가격: **666달러 66센트**

1976년 애플의 첫 컴퓨터

멧단'Order of Baphomet'의 상징과도 같다.

최근 애플과 구글이 아이폰과 안드로이드 폰을 통해 사용자 몰래 위치 정보를 수집해 논란을 빚고 있다. 구글은 '스트리트뷰'를 만들면서 개인 정보를 수집했다.

세계정부 수립에 필요한 것이 개인에 대한 감시와 통제이기 때문에 미리 빅브라더 시스템을 시험하는 것으로 보인다.

스마트폰의 보급으로 전자장치에 대한 의존도가 높아지고 있으며, 전자 결제가 보편화되면 자연스럽게 생체칩(베리칩)이 도입될 것이다. 현재 애플과 구글은 교묘히 프리메이슨 상징을 사용하고 있고, 그 예로 애플은 최초의 애플컴퓨터를 666.66달러에 판매한 바 있다.

구글 로고 배경 속에 숨겨진 삼각형 심볼

셰필드 메소닉 홀(Sheffield Masonic Hall)
바깥에 있는 삼각형 심볼

일루미나티 삼각형 싸인을 하는
영국 브라운 총리(상, 좌)와 덴젤 워싱턴(하, 우)

곳곳에 심어놓은 자신들의 흔적들

1달러 지폐 뒷면의 피라미드(상)
워싱턴 D.C.의 프리메이슨 건물인
'하우스 오브 템플' (하)

미국 1달러 지폐 뒷면에는 프리메이슨의 상징으로 가득하다.

이집트 상징인 피라미드와 이집트 호루스 신을 나타내는 전시안이 있다. 이는 미국 국새의 뒷면 디자인이기도 하다. 피라미드가 13단인 이유는 이집트 종교에서 13이 신의 경지에 오른 완벽한 사람을 상징하기 때문인데 피라미드 하단에는 로마숫자로 미국 건국 연도이자 일루미나티 창립연도인 1776이 적혀 있다. 왼쪽 위 그림의 원 상부에 씌어 있는 라틴어 'Annuit Coeptis' 는 '신은 우리가 하는 일을 특별히 돌보아 준다God has favored our undertakings.' 라는 뜻이며, 원의 하부에 씌어 있는 'Novus Ordo Seclorum' 는 '신세계질서' 라는 뜻이다.

파리 루브르 박물관에 소장된 1774년 일루미나티 문서에도 같은 문구가 적혀 있다. 이는 일루미나티의 목표로 영적인 능력이 있는

1달러 지폐 뒷면의 독수리   고대 이집트 호루스의 상징 매

'독재자(적그리스도)'가 '구체제(왕정, 기독교)'를 무너뜨리고 '새로운 방식(세계정부, 악마주의)'으로 전 세계(모든 계층의 사람)를 통치하는 것을 의미한다. 워싱턴 D.C.에 위치한 프리메이슨 남부 관할부Southern Jurisdiction이자 스코티시 라이트Scottish Rite의 본부인 '하우스 오브 템플House of the Temple'의 지붕도 13층의 미완성 피라미드다.

미국 국새의 정면 디자인이자 미국 대통령의 상징인 독수리도 이집트 호루스를 상징하는 매에서 유래된다. 양쪽 새 모두 머리 위에 태양을 이고 있는 모습이다. 독수리 오른쪽 날개의 32개 깃털은 스코티쉬 프리메이슨의 계급 수를 의미하며, 왼쪽 날개의 33개 깃털은 프리메이슨 최고 등급인 그랜드 마스터Grand Master를 의미한다.

독수리 머리 위의 별은 모두 13개인데 오컬트에서 사용되는 6각별(다윗의 별) 모양을 하고 있다. 독수리 발에 잡고 있는 화살과 올리브잎은 전쟁과 평화를 상징하며, 13개씩 가지고 있다. 독수리 정면의 방패 줄무늬도 13개인데 13은 당시 미국 주state의 숫자이자 부활을 의미하며, 프리메이슨이 신성시하는 숫자다.

여러 오벨리스크의 모습들, 왼쪽부터 워싱턴 기념탑, 워싱턴 몰, 뉴욕 센트럴파크

독수리가 물고 있는 리본에는 'E PLURIBUS UNUM' 이라고 쓰여 있으며, '여럿이 합쳐서 하나가 된다Out of many, one.' 는 파시즘적 의미를 담고 있다. 미국 국새 디자인은 건국 시 정해졌지만 1달러 지폐에 삽입한 사람은 프리메이슨인 32대 프랭클린 루스벨트 대통령이다.

이집트 오벨리스크를 흉내 낸 높이 6,666인치(169미터), 폭 666인치(16.9미터)의 워싱턴 기념탑은 조지 워싱턴을 기념하기 위해 세워졌지만 실제로는 이집트의 태양신 오시리스를 상징한다. 이집트 신화에서 동생 세트에 의해 억울하게 토막 살해된 오시리스의 잃어버린 남근을 상징하는 워싱턴 기념탑은 자궁을 상징하는 의회 돔과 마주 보고 있어 음양의 조화를 이루고 있다.

이집트 신앙에선 오시리스(남성, 태양)와 이시스(여성, 달)가 합쳐져 태어난 아들 호루스(전시안, 시리우스 별)를 구원의 완성으로 본다. 워싱턴 기념탑 4면은 이집트 피라미드와 같이 동서남북 정방향을 하

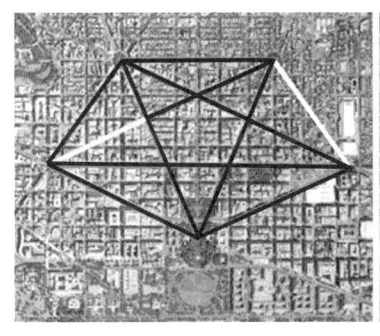 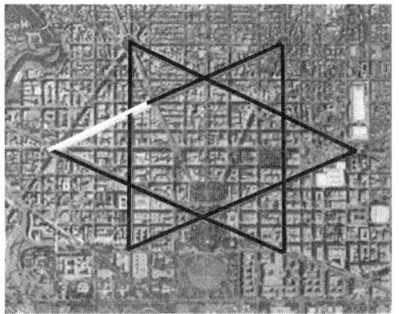

백악관 근방 역오각형 도로   백악관 근방 육각별 도로

고 있다.

워싱턴 기념탑 기공식은 1848년 7월 4일 프리메이슨에 의해 거행됐고, 1885년 2월 21일 완공식에도 프리메이슨 21개 지부 단원들이 거리에서 행진을 벌였다. 이집트에서 가져 온 진짜 오벨리스크는 뉴욕 센트럴 파크, 파리 콩코드 광장, 런던 템즈 강변, 로마 바티칸 광장 등에서 발견할 수 있다.

조지 워싱턴은 프랑스 출신의 프리메이슨 건축가 피에르 찰스 랑팡Pierre Charles L Enfan(1754~1825)에게 워싱턴 D.C.의 설계를 맡긴다. 잘 정리된 계획 도시 워싱턴 D.C.는 도로와 건물 곳곳에 프리메이슨 상징을 안고 있다.

백악관은 뒤집어진 오각별(오각형)의 아래 꼭짓점 부분에 있는데 일부 선에서만 불완전하다. 같은 장소의 육각별은 북서쪽의 한 부분만 제외하고 완전하다. 오각별과 육각별 모두 마법에서 마귀 소환에 사용되는 오컬트 상징이다. 워싱턴 D.C.의 D.C.는 'District of Columbia' (컬럼비아 특별구)의 약자이며, Columbia는 그 어원이

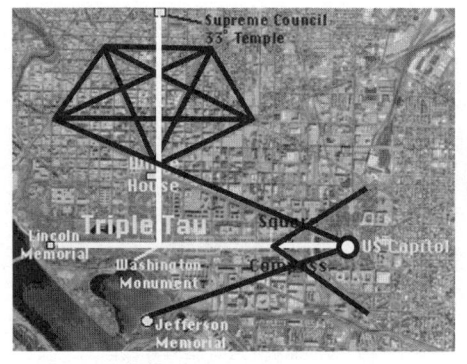

워싱턴 D.C.의 내셔널 몰

로얄 아치 메이슨 상징

Colombe(꼴롬브)라는 불어에서 기인한다. 비둘기를 뜻하는데 비둘기는 바빌론 세라미스 여신이나 로마 비너스 여신의 상징이다.

워싱턴 D.C. 중심부의 링컨 기념관으로부터 워싱턴 기념탑을 거쳐 의회에 이르는 '내셔널 몰National Mall' 지역에는 많은 박물관과 공원이 있다. 이곳에도 프리메이슨 상징인 직각자와 컴퍼스 상징이 미국 의회 Capitol(로마 주피터 신전) 주위에 있고, 컴퍼스는 백악관과 제퍼슨 기념관까지 뻗쳐 있다. 워싱턴 기념탑으로부터 수직선이 백악관을 비껴가 프리메이슨 최고 위원회인 '하우스 오브 템플House of the Temple' 에 닿고 있다. 결국 워싱턴 기

의회 주변 정원　　부엉이 형상

념탑을 중심으로 거꾸러진 타우(τ) 모양을 하고 있다. 히브리 알파벳에서 타우(τ)는 '십자가'를 의미하며, 그리스 알파벳에서 타우(τ)는 '죽음'을 의미한다. 타우(τ) 3개가 한 곳에서 만나는 '트리플 타우 Triple Tau'는 '로얄 아치 메이슨Royal Arch Mason'의 상징이다.

의회의 주변 정원은 부엉이의 형상을 이루도록 배치되었다. 그리스 전쟁과 지혜의 여신 아테나(로마 미네르바)는 철학을 상징하는 부엉이를 데리고 다녔다.

부엉이와 같은 야행성 새는 마법과 형이상학을 상징한다. 이는 흑마술은 빛(낮)에서는 발휘될 수가 없고, 오직 어둠(밤)에 둘러싸여야만 그 힘을 발휘할 수 있기 때문이다. 아프리카나 아이티 부두교에서 볼 수 있는 흑마술은 악령의 힘을 빌려 대가를 치루고 상대방을 저주하는 의식이다.

프리메이슨의 주요 상징과 의미

건물의 외형이 오각형이라서 '펜타곤'이라 불리는 미 국방성 본부는 육·해·공군과 해병대, 해안 경비대를 통괄하는 미 군부의 심장이다. 비록 5층 높이에 불과하지만 세계 최대의 오피스 빌딩으로, 전체 평면적은 엠파이어 스테이트 빌딩의 3배에 달한다.

1943년 완공된 펜타곤은 각종 편의 시설을 갖추어 자체가 하나의 도시라고 할 수 있을 정도인데, 여기서 일하는 인원만 23,000명에 이른다. 오각형은 프리메이슨의 주요 상징으로 군산 복합체의

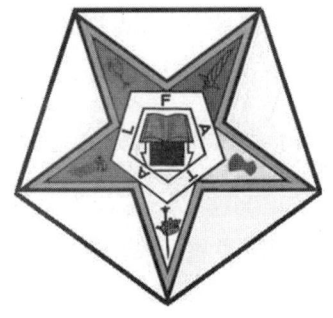

미국 국방성(펜타곤)　　　　　　　　'동방의 별'(Eastern Star) 상징

엘리트들은 대개 프리메이슨이다. 피타고라스 학파는 남성수 3과 여성수 2가 합쳐진 5를 신성시했다. 1850년 설립되어 주로 여성들로 구성된 '동방의 별Eastern Star'이란 프리메이슨 단체도 오각형과 오각별을 사용한다.

펜타그램Pentagram은 오각별을 말하는데 피타고라스학파, 프리메이슨, 영지주의자, 카발리스트, 마법사, 위카교도(마녀), 악마교도 등이 마법이나 오컬트의 심벌로 사용하고 있다. 마법에서 펜타그램의 5개의 정점은 기氣, 화火, 수水, 토土, 영靈을 의미한다.

마법사들은 오컬트 지식과 힘을 높이려고 바로 선 펜타그램 부적을 지니고 다니며, 지면에 펜타그램을 그리고 그 위에 서서 마귀를 소환한다. 사탄주의자들은 거꾸로 된 오각별에 바포멧을 새기고 사탄 숭배 의식을 행하는데 바포멧은 성적인 탐닉과 쾌락을 상징하는 염소 머리의 신이다.

신비주의에서 육각별은 남성을 상징하는 정삼각형과 여성을 상징하는 역삼각형이 만나 음양의 조화가 이루어진 도형으로 여기고

 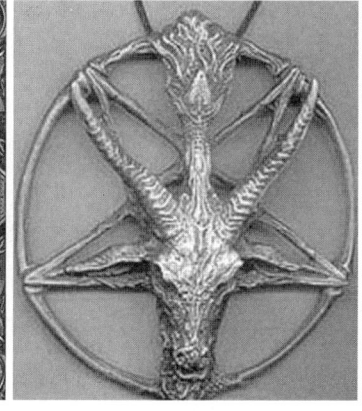

바로 선 오각별　　　　　　　　거꾸로 선 오각별

있다. 이교(힌두교, 이슬람, 오컬트)의 상징인 육각별이 이스라엘의 상
징이 된 것은 솔로몬 왕이 첩들을 통해 들여 온 이교를 섬기면서부
터다.

　마법계에선 솔로몬을 가장 위대한 마법사로 여기는데 마법 의식,
악마를 불러내는 법, 인간을 제물로 드리는 법 등은 대부분 그가 만
든 것이다. 그 의미를 모르고 육각별이나 오각별 장식을 몸에 지니
고 다녀도 악마를 끌어들일 수 있다.

　육각별은 유대 카발라와도 연관이 있으며, 오랫동안 솔로몬의 옥
새(문양)로 불리다가 근래에 다윗의 별로 불려졌다. 다윗의 별은 중
세에 유럽 게토에서 유대인의 상징으로 쓰였고, 1897년 시온주의자
대회의 공식 문장으로 채택되었으며, 1948년 이스라엘 국기의 도안
이 되었다.

　마법을 행하고자 할 때는 먼저 바닥에 놓인 원 안의 오각별에 들

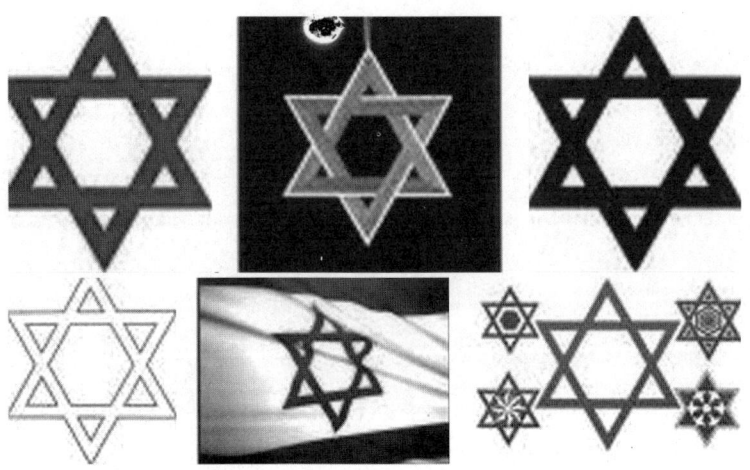

육각별(Hexagram, 다윗의 별, Magendawid, 마겐다윗)

어가고 육각별을 가운데 놓으면 마귀가 나타나게 된다. 마귀는 소환자의 소원을 들어주면서 그를 종으로 삼고 결국 지옥으로 인도한다. 6개의 점과 6개의 변과 6개의 삼각형으로 이루어진 육각별은 666을 상징하기도 한다. 성경에서도 우상의 상징인 별모양을 경계하고 있다.

오히려 너희가 너희의 몰록의 장막과 너희의 형상들 기윤 곧 너희가 너희를 위하여 만든 너희 신의 별을 가지고 다녔나니 _아모스 5:26

참으로 너희가 몰록의 장막과 너희의 신 렘판의 별 곧 너희가 경배하려고 만든 형상들을 들고 다녔은즉 내가 너희를 바빌론 너머로 끌고 가리라, 함과 같으니라. _사도행전 7:43

의회 건물의 돔 꼭대기에 있는 '자유의 동상'

의회 건물 입구　　　　　　　　　　로마 전쟁의 신, 마르스

　　의회 건물의 돔 꼭대기에 서있는 '자유의 동상Statue of Freedom' 의
원래 이름은 '전쟁과 평화로 승리를 거둔 자유Freedom Triumphant in War
and Peace' 이다. 동상의 여인은 양손에 칼과 방패와 월계관을 들고 있
고, 머리에는 독수리 장식과 오각별을 달고 있다. '자유의 동상' 은

| 자유의 여신상 | 초석의 프리메이슨 싸인 | 바빌론의 이슈타르 여신 |

아메리카 인디언 여인과 그리스 아테나 여신이 합쳐진 모습을 하고 있다. 의회 건물 입구를 지키고 있는 것은 로마 전쟁의 신인 마르스 Mars다.

마르스는 제우스와 헤라의 아들로 올림포스 열두 신의 하나이다. 마르스는 전투에 항상 에뉘오(싸움), 에리스(분쟁), 포보스(공포), 데이모스(걱정) 등을 거느리고 다니면서 전쟁의 승패와 무관하게 살육을 한다. 미국의 이교적 수호상이 대부분 호전적이란 것을 알 수 있다.

뉴욕 항의 리버티 섬에 있는 '자유의 여신상 Statue of Liberty' 은 '미국의 독립'(일루미나티 창립) 100주년을 기념해 프랑스의 프리메이슨이 미국의 프리메이슨에게 보낸 선물이다. 자유의 여신상은 프리메이슨 33도인 바르톨디 Bartholdi에 의해 설계되어 1884년에 완성되었고, 1885년 배로 이송되어 1886년 세워졌다. 동으로 만든 여신상의 무게는 225톤이고, 지면에서 횃불까지의 높이는 93.5미터다. 여신

다이애나 전 영국 왕세자비　　알마 터널과 자유의 불꽃　　여신상의 왕관과 횃불

상은 7대륙을 상징하는 7뿔이 달린 왕관을 쓰고 있고, 오른손에는 자유의 빛을 세계에 비추는 횃불을 들고 있으며, 왼손에는 1776년 7월 4일이 새겨진 독립선언서 석판을 들고 있다.

자유의 여신상의 원류는 이집트의 이시스^{Isis}나 바빌론의 이슈타르^{Ishtar}, 로마의 리베르투스^{Libertus} 여신이다. 이교의 여신은 주로 긴 옷을 입고, 왕관을 쓰며, 지식을 의미하는 횃불을 들고 있다. 미국 달러 표시로 쓰이는 $ 기호도 ISIS를 합친 것이다.

1997년 8월 31일에 파파라치에게 쫓기다 파리의 알마^{Alma} 터널 13번째 기둥에 부딪혀 차 사고로 사망한 다이애나의 이름은 그리스 여신의 이름과 같은데 원류는 이집트의 '이시스'다. 찰스 왕세자와 이혼한 뒤 이집트 출신의 애인 도디 알 파에드와 사귀다 임신까지 한 다이애나를 영국 왕실이 비밀 조직인 MI-6을 통해 살해했다는 소문이 떠돌고 있다.

솔로몬 성전의 야킨과 보아스　　　　　메이슨 지부 입구의 두 기둥

차 사고는 운전사의 음주 운전 때문이 아니라 옆에 달리던 하얀색 벤츠 차량에 충돌한 후 기둥에 부딪친 것이란 정황이 있다. 사고 후 터널 위에는 '자유의 불꽃'이란 기념물이 검은색 오각별^{Pentagram} 위에 세워졌는데 뉴욕 자유의 여신상 횃불과 모양까지 똑같다. 대중에게 횃불은 자유를 상징한다고 선전하지만 프리메이슨에게 횃불은 '절대 권력에 의한 통제'를 의미한다.

B.C. 1,000년 경 이스라엘의 왕 솔로몬은 하나님을 위한 돌로 된 성전을 짓는 데 필요한 자재와 기술자를 얻기 위해 두로(페니키아) 왕 후람에게 도움을 청한다. 그러자 두로 왕 후람은 레바논의 목재와 기술자 히람 아비프$^{Hiram Abiff}$를 솔로몬에게 보냈는데(역대하 2장, 왕상 7장) 프리메이슨은 부하들에게 죽기까지 비밀을 발설하지 않았던 석공 히람 아비프를 그들의 원조로 삼고 있다.

솔로몬은 성전 앞에 높이가 35큐빗(12.25미터)인 두 개의 놋 기둥을 세우고, 기둥 머리를 사슬과 석류로 장식했으며, 오른편 기둥을 야킨, 왼편 기둥을 보아스라 불렀다(역대하 3장). 두 기둥은 신 앞에 선 남자와 여자를 상징하기도 한다. 프리메이슨이 이를 모방해 자신들의 지부 입구에 두 개의 기둥을 세우고 있다.

"국제적인 은행가들과 록펠러 스탠더드 석유 일당이

표면에 드러나지 않고 음지의 정부를 구성하는 권력을 손에 쥐고 있으며,

강제로 여론을 형성하고,

부패한 도당의 명령을 거부하는 공직자들을 내쫓기 위해

이 나라의 많은 신문과 투고란을 지배하고 있다."

_테오도어 루스벨트 (Theodore Roosevelt, 미국 제26대 대통령)

CHAPTER 4

프리메이슨의
경제 장악

선진국인 미국 서민의 삶은 보기와는 달리 상당히 고달프다. 거액의 대학 등록금을 내느라 학자금 대출 빚을 안고 사회 활동을 시작하고, 실질 소득은 꾸준히 감소해서 자동차 할부금, 주택 할부금, 신용카드 대금 등을 내고 나면 남는 게 거의 없거나 빚을 진다. 소득의 48퍼센트가 각종 세금인데, 특히 소득의 평균 25~30퍼센트에 해당하는 연방 소득세가 결정타다. 이 세금이 국민을 위해 쓰이지 않고 대부분 정부 빚의 이자 갚는 데에 들어간다는 걸 알면 속이 쓰릴 것이다.

반면에 회사가 적자가 나거나 망해도 CEO는 천문학적인 연봉과 스톡 옵션을 받는다. 결국 중산층과 좋은 일자리는 없어지고, 소수의 특권 계층과 다수의 서민 노동자만 남는데, 빈부격차는 점점 더 벌어져 이제 서민은 거대한 시스템의 노예가 되어가고 있다.

국민 세금의 30퍼센트를
정부의 '빚 이자' 갚는 데 쓰는 미국

유럽 선진국은 대부분 보육, 교육, 의료 등이 무료지만 미국은 거의 자비로 해결해야 하는데도 정부는 복지보다 천문학적인 국방비에 더 많은 재정을 지출한다.

폴 라이언 하원 예산위원장(공화당)은 '오늘날 미국 연방정부의 지출에서 1달러마다 40센트가 빌린 돈'이라고 말한다. 정부가 쓰는 돈의 40퍼센트가 남에게 진 빚이라는 것이다. 막대한 부채 때문에 미국은 연간 이자만으로 2,000억 달러(220조 원)를 지불하고 있다. 현 상태를 유지한 채 2025년을 맞는다면 미국은 1조 달러(1,200조 원)를 국가 부채에 대한 1년 '이자'로 지불해야 한다(원금이 아닌 이자만!). 이 경우 국가 부채에 대한 이자 지불과 의료보험, 사회 보장 연금 같은 고정적 정부 지출만으로도 1년간 거둬들이는 세금이 '모두' 소진된다.

2011년까지 쌓인 미국의 국가 부채는 14조 달러를 넘어섰는데 미국 국내총생산GDP의 98퍼센트에 달하는 액수다. 미국 국민과 기업이 1년에 벌어들이는 모든 소득을 한 푼도 쓰지 않고 빚 갚는 데 써야 청산할 수 있다는 의미다.

미국은 오랫동안 막대한 재정적자와 무역적자를 기록하고 있지

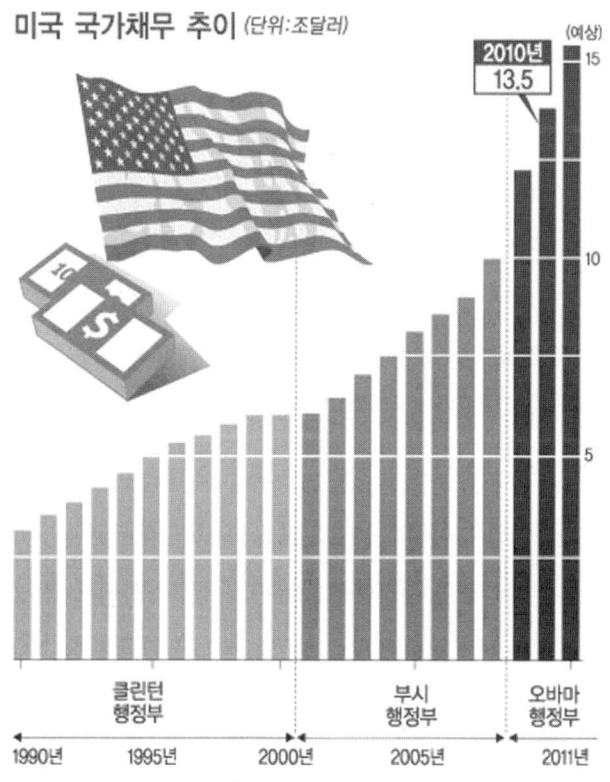

미국 국가채무 추이 *(단위:조달러)*

2010년
13.5

(예상)
15

10

5

클린턴
행정부

부시
행정부

오바마
행정부

1990년　1995년　2000년　2005년　2011년

만 아시아와 중동 산유국에서 미국 채권을 사주면서 연명해 왔다.

　미국의 재정적자 규모는 2011 회계연도에 1조 6천억 달러로 사상 최대를 기록할 것으로 전망되고 있다. 이는 미국 1년 예산의 3분의 1이 넘는 규모다. 미국은 2012년까지 4년 연속 1조 달러가 넘는 적자 상황이 예상되는데 공화당은 2011년뿐만 아니라 2012년도 예산안도 최소한 610억 달러를 줄여야 한다고 주장하고 있다.

　문제는 미국 연간 재정적자가 1.6조 달러인데 반해 무역적자는 연간 4천억 원으로 외국에서 발행되는 미국 국채를 다 사줄 수도 없기 때문에 FRB가 윤전기에서 뽑아낸 달러로 안 팔리는 채권을 사는 수밖에 없다는 데에 있다.

그래서 2007년 서브프라임 사태 이후 미국 연방준비은행^{FRB}이 양적 완화에 나서 돈을 찍어내면서 달러의 가치와 신뢰가 떨어져 금과 원자재 값이 오르고 인플레이션 압력이 가중되고 있다.

하지만 그렇게 해서 달러가 넘쳐나면 미국 국채도 폭락하고 FRB 말고는 미국 국채를 사줄 곳이 없게 된다. 따라서 미국 의회가 예산안을 통과시키지 않거나 부채 상환을 늘리지 않을 경우 미국 정부 폐쇄와 디폴트 선언이라는 최악의 시나리오가 진행된다.

도대체 일이 이 지경이 되기까지 왜 아무런 제약이 가해지지 않은 걸까? 가장 놀라운 건 이 모든 일이 우연히 어쩌다 보니 그렇게 된 게 아니라, 오래 전부터 다 이렇게 되도록 계획되었다는 사실이다. 자 이제 프리메이슨의 경제 장악 과정을 핵심적으로 살펴보자.

경제적 악의 축, 연방준비은행

미국 국민들은 미국 화폐를 발행하는 중앙은행인 연방준비은행이 국가 기관이 아니라 민간소유의 사기업이란 사실을 잘 모르고 있다. FRB는 정부의 지도나 감사를 받지 않는 독립적인 사설은행이다. FRB는 사설 은행이지만 'Federal(연방)'이란 단어를 써서 마치 국가 기관인 것처럼 보이게 했고, 이미 정해진 연방준비제도 이사회 의장을 대통령이 임명하는 형식을 갖춘다.

FRB는 정부의 감사를 받지 않고, 주주 명단도 공개하지 않기 때문에 무슨 일을 꾸미는지 알 수가 없다. 미국 내 12개 연방준비은행의 중심인 뉴욕 연방준비은행의 주주 열 곳 중 여섯이 로스차일드 계열의 유럽 은행이고, 나

연방준비은행(FRB)

머지는 미국의 쿤 로브 은행(리먼브라더스에 흡수됨), 골드만삭스, 리먼브라더스, 체이스 은행이란 정도만 알려졌다. 미국 이외의 선진국 중앙은행도 대부분 형식적으로는 국가 기관이지만 실제적으로는 프리메이슨 금융가가 소유한다.

세계사의 보이지 않는 손, 로스차일드 가문

중앙은행은 인쇄 비용만 지불한 지폐를 정부나 은행에 액면가에 빌려주고 이자까지 받는 사기 사업이다. 이런 통화 발행권의 중요성에 눈을 뜬 사람은 유럽 경제를 장악한 로스차일드 가문의 뿌리인 마이어 암셀 로스차일드^{Mayer Amschel Rothschild}(1744~1812)다. 그는

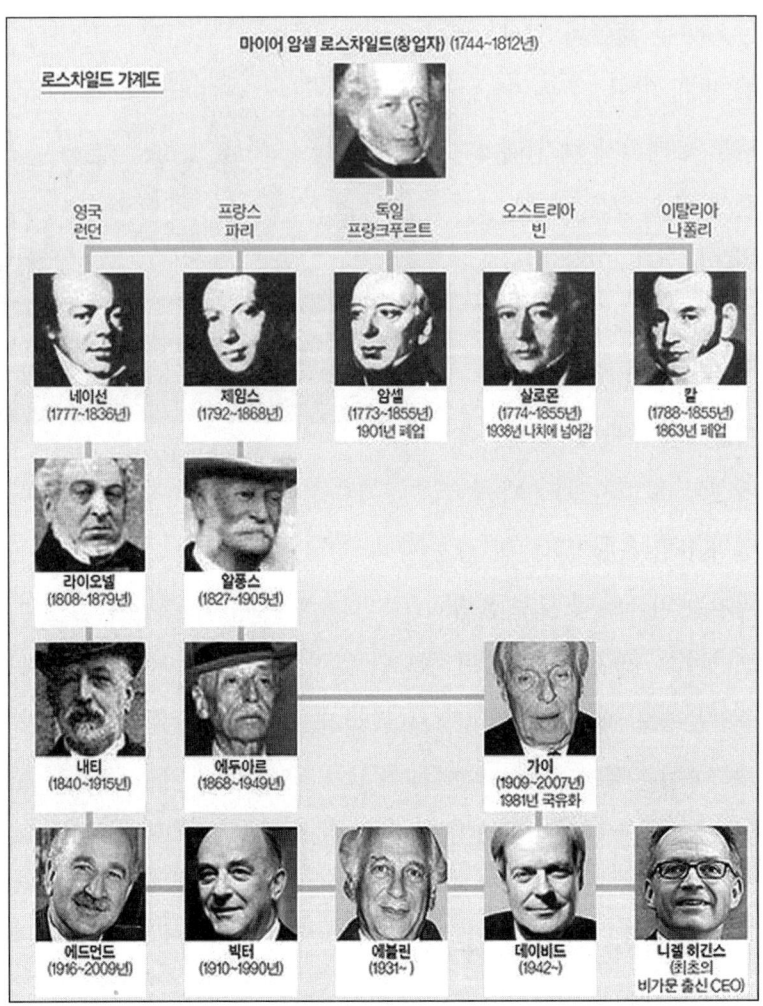

로스차일드 가문 가계도

'내게 국가 통화 공급을 통제할 수 있는 권한을 달라. 그러면 누가
법률을 만들든 상관없다.' 고 했다.

그의 아버지 모제스 암셀 바우어는 금 세공을 하는 유대인이었고, 1743년 독일 프랑크푸르트에 '로스 차일드'(붉은 방패)라는 동전 가게를 열었다. 아들 마이어는 성을 로스차일드로 바꾸고 환전이나 대부업을 했는데 특히 왕족이나 귀족과의 금전 거래에서 큰 이익을 얻는다. 18세기 후반 마이어는 독일 빌헬름 9세가 나폴레옹을 피해 덴마크로 망명하며 맡긴 300만 달러를 5명의 아들에게 사업 자금으로 주며, 각각 프랑크푸르트, 빈, 런던, 나폴리, 파리로 보내 은행을 세우게 함으로써 국제적인 금융망을 조직한다.

마이어 로스차일드는 자녀에게 세 가지 가훈을 남겼는데 '첫째, 자산을 가족 내에서 유지하고(이들은 근친 결혼이 많다), 둘째, 자산을 외부에 공표하지 말며, 셋째, 로스차일드의 이름을 표면에 내세우지 말라.' 였다.

영국으로 간 마이어 로스차일드의 셋째 아들 네이선 로스차일드는 초기엔 멘체스터에서 남보다 빠른 정보를 이용해 면화를 매점매석했다. 이를 위해 유럽 주요 도시에 정보원을 두고 빠른 말과 선박을 이용했다. 1806년 나폴레옹이 영국 봉쇄령을 내리자 영국의 네이선은 프랑스의 야곱과 밀수를 하며 큰 돈을 벌었다.

런던으로 이주해 로스차일드 은행을 세운 네이선은 1815년 워털루 전투에서 영국 프로이센 연합군이 나폴레옹의 프랑스군에 승리한 정보를 남보다 먼저 입수하고 런던 증권거래소에서 보유한 국채를 팔았다. 그러자 사람들은 연합군이 패했다고 생각해서 국채를 투매해 국채 가격은 대폭락했고, 이때 네이선은 아무도 몰래 대리인을 통해 국채를 액면가의 5퍼센트에 사들였다.

다음날 영국의 승전보가 전해지자 국채 가격은 폭등했지만 대부분의 국채는 이미 네이선의 손 안에 있었다. 워털루전투로 네이선은 영국 최고의 채권자로 등극했으며, 그때부터 영국 국채 발행을 주도하고, 잉글랜드은행Bank of England의 실권을 잡았다. 영국 정부는 화폐 발행 권한이 없기 때문에 국채를 발행해서 재정 지출에 필요한 자금을 충당한다. 이렇게 네이선은 전쟁과 공황을 이용해 큰 돈을 벌었고, 영국 금융계를 장악했다.

빈으로 간 둘째 아들 살로몬은 오스트리아 황제 페르디난트 1세에게 빈에서 보호냐까지 100킬로미터에 걸친 대규모 철도 건설 사업을 신청해 면허를 획득했다. 그는 철도 건설 자금을 충당하기 위해 주식을 1만 2,000주 발행하여 8,000주를 로스차일드 가문이 보유하고, 나머지 4,000주를 선착순으로 모집했다.

그러자 철도 사업에 반대하던 자들도 막상 로스차일드 집안이 나섰다고 하니까 서로 앞 다투어 응모했고, 공모주의 8배 가깝게 신청이 쇄도하였다. 살로몬은 오스트리아 황제로부터 철도의 정식 명칭을 '페르디난트 황제 북방철도'로 하는 허가를 얻어 누구도 반대할 수 없게 만들었다. 파리로 간 다섯째 아들 제임스는 남아프리카의 다이아몬드 광산 개발권을 획득했고, 러시아 바크유전의 이권을 취득했다. 로스차일드 가문은 1875년에 영국 정부의 수에즈운하 주식 매입 자금을 공급하여 영국 정부와의 유착을 강화한다. 수에즈운하는 프랑스 외교관 레셉스가 건설했는데 운영권은 프랑스와 이집트가 공동 소유하고 있었다.

이 중 이집트의 몫을 로스차일드 가문이 프랑스 몰래 사들여 아시아, 아프리카로의 해상 통로를 확보함으로 해가 지지 않는 대영

제국 식민지 정책의 기반을 조성했을 뿐만 아니라, 수에즈운하 보호를 명목으로 이집트를 보호국화 한다.

그 후 영국은 1918년 오일로드를 확보하기 위해 팔레스타인을 점령했고, 이후 벨푸어 선언으로 이스라엘이 독립하는 단초를 제공하였다. 로스차일드 가문은 1881년에는 아연, 납, 석탄 발굴 회사인 '페나로야'를 창설했고, 1888년에는 로즈Rhodes와 함께 다이아몬드 독점 기업인 '드비어스Debeers'를 세웠다.

일부러 일으킨 경제공황

19세기 유럽의 경제를 장악한 로스차일드는 20세기에 들어서자 록펠러와 J.P. 모건, 야콥 시프를 내세워 미국의 산업과 금융을 장악한다. 이들은 본격적으로 미국에 중앙은행을 설립하기로 하고 음모를 꾸민다.

1907년 J.P. 모건은 뉴욕의 한 은행이 파산하기 직전이라는 루머를 퍼뜨렸고, 불안에 빠진 예금자들이 일시에 예금을 인출하자 은행들은 대출을 회수했다. 주가가 폭락하고 대혼란이 발생하자 상원 의원 넬슨 올드리치는 금융 안정을 위해선 중앙은행 설립이 필요하다는 보고서를 의회에 제출한다(나중에 올드리치 상원 의원의 딸은 록펠러의 아들과 결혼한다).

1910년 7명의 프리메이슨 은행가들이 J.P. 모건의 별장인 지킬 섬에 모여서 통화위원회에 제출할 최종 보고서를 만들었다. 여기서 결정된 내용은 중앙은행의 필요성을 강조하고, 정부가 화폐를 발행하는 것을 금지시키며, 시중 은행에는 가진 돈의 10배까지 대출할 수 있는 특혜를 주고(이것이 지급준비율이다), 중앙은행이 정부나 의회의 간섭을 받지 않게 하는 것 등이다.

1913년 12월 22일 올드리치 의원은 많은 의원들이 크리스마스 휴가로 자리를 비운 사이 동료 의원들을 동원해 FRB와 소득세 관련 법안을 통과시켰다. J.P. 모건의 지원을 받아 대통령에 당선된 우드로 윌슨 대통령은 중앙은행 법안에 서명했다. 이후 미국 정부는 직접 화폐를 발행하지 못하고 FRB에 채권을 발행해 달러를 빌리고 이자까지 갚아야 하는 처지에 놓이게 되었다.

1913년 FRB(연방준비은행)를 세우자마자 금융가들은 인위적인 경제공황을 주기적으로 일으켰다. 1914년부터 1919년까지 FRB는 통화공급량을 2배로 늘려 경기를 상승시켰는데 1920년 갑자기 모든 은행에 대출회수 명령을 내렸다. 그러자 개인과 기업과 은행은 파산했지만 금융가들은 이들의 자산을 헐값에 인수했다. 이것이 그들의 전형적인 수법이다.

1921년부터 1929년까지 FRB는 또다시 통화공급량을 62퍼센트 늘렸는데 이때에는 원금의 9배까지 대출받아 주식을 살 수 있는 마진론 때문에 주가가 5배 이상 올랐다. 1929년 금융가들은 보유한 주식을 다 정리했고, 대부 회사가 주식 대출을 일시에 회수하는 마진콜을 발동하게 하자 주가는 대폭락했으며 이후 미국은 10년 동안 장기 불황의 늪에 빠졌다. 무역량도 70퍼센트나 감소해 세계가 불황에 빠졌고, 1,200만 명의 실업자가 거리에 넘쳤으며, 1만 6천 개의 은행이 폐쇄되었다. 그러나 국제 금융가들은 도산한 은행과 기업을 헐값에 인수하고 나중에 비싸게 팔아 막대한 이익을 남겼다.

1913년에는 FRB에 이자를 주기 위해 '소득세'를 징수하는 국세청IRS도 함께 설립되었는데 소득액에 따라 달라지는 누진세 징수는 헌법 위반이었지만 철저한 언론 통제로 진실은 묻혀버렸다. 레이건 행정부 당시, 소득세는 국민을 위해 사용되지 않고 대부분 빚의 이자를 갚는 데 사용된다는 사실이 처음으로 드러났다. CFR 회원이 아닌 레이건이 비밀을 드러내자 레이건은 존 힝클리 주니어로부터 총격을 받아 중상을 입었는데 이때 겁을 먹었는지 2년 뒤에 레이건은 스타워즈 계획이라는 현실성 없는 전략 방위 구상을 발표해 국방비를 대폭 증액했다.

미국 법원은 여러 차례 소득세가 헌법 위반이라고 판결했고, 수천만 명이 소득세 신고를 하지 않고도 IRSInternal Revenue Service의 제재를 받지 않고 있다. 2006년 미국 총세수액 2조 2천억 달러 중 소득세는 1조 달러에 달하는데 이러한 막대한 양의 세금이 전부 이자 갚는 일에만 사용된다. 그러니 복지 혜택은 점점 줄어들고 연방정부의 재정적자는 날로 심해질 수밖에 없으며, 2011년 누적적자는 14조 달러에 달한다. 케네디 대통령은 빚으로 빚을 갚는 모순을 개혁하려고 1963년 6월 4일 재무성에 은태환 화폐 발행권을 줬으나 1963년 11월 22일 암살당한 뒤 발행된 지폐는 회수 후 폐기되었다.

현대에도 로스차일드 가문은 투자은행인 NM로스차일드&선스를 중심으로 석유(쉘, BP), 보험(로이드), 담배(필립모리스), 전기(필립스), 식품(네슬레), 다이아몬드, 금, 우라늄, 레저 산업, 백화점 등의 분야에서 사업을 하고 있다. 런던의 로스차일드 은행은 잉글랜드 은행의 대리점으로서 국제 금가격을 결정하는 역할까지 맡고 있다. 세계 금융 시장을 휩쓴 조지 소로스의 퀀텀펀드^{Quantum Fund}의 주요 이사는 로스차일드 가문 사람이다.

미국 프리메이슨의 핵심, 록펠러 가문

존 록펠러^{John Davison Rockefeller}(1839~1937)는 J.P. 모건으로부터 융자를 받아 1870년 스탠더드 석유를 창업했고, 경쟁 회사를 술수와 협박으로 인수해 1880년 미국 석유 산업의 95퍼센트를 장악했다. '경쟁은 죄악'이란 신념을 가진 록펠러가 독점을 통해 폭리를 취하자 대법원은 1911년 독점 금지법을 적용해 스탠더드 석유를 34개의 회사로 나누었고, 이 회사들이 현재의 암코, 엑슨-모빌, 셰브론이 되었다.

존 록펠러　　　넬슨 록펠러

포드 T형 같은 초기 자동차 모델은 알코올과 휘발유를 모두 사용할 수 있었는데 록펠러는 거액의 의회 로비로 1919년 금주법을 제정하게 함으로써 알코올의 제조와 유통을 금지시켰다.

자선과 교육 사업으로도

유명한 록펠러 가문은 2차세계대전 중에 나치에게 석유를 팔았고, 우생학 연구를 지원했으며, 세계정부 수립을 위한 UN 부지를 기증했다.

존 록펠러의 아들 존 록펠러 주니어는 체이스은행을 소유했고, 존 록펠러의 동생 윌리엄 록펠러는 뉴욕 시티은행을 설립했다. 존 록펠러 주니어의 둘째 아들인 넬슨 록펠러는 기업인이자 정치인으로 1962년 뉴욕 주지사가 되었고, 1974년 포드 대통령으로부터 부통령으로 지명되었다. 존 록펠러 주니어의 다섯째 아들인 데이비드 록펠러는 현재 프리메이슨의 핵심 인물로서, 록펠러 재단을 이끌고 시티은행과 체이스은행을 지배하고 있다.

1928년 존 록펠러 주니어는 컬럼비아 대학교로부터 맨해튼의 토지를 임대 받아 1931년에서 1940년 사이에 15개의 빌딩을 세계 최초의 복합형 건축물로 건설한다. 1940년, 70층 높이의 RCA(지금의 GE) 빌딩이 완성됐고, 뉴욕 배경의 영화에 종종 등장하는 채널 가든의 크리스마스트리와 아이스링크는 록펠러 센터의 상징이기도 하다. 1989년 미국 경제가 어려웠던 시기에 일본의 미쓰비씨 그룹 산하의 부동산 회사에 팔렸으나 1996년 골드만

록펠러 센터 프로메테우스 분수대

아틀라스 동상

삭스를 중심으로 한 기업 연합이 다시 매입했다.

문제는 독실한 기독교인으로 알려진 록펠러가 지은 건물 내외에는 프리메이슨 상징물이 가득하다는 사실이다. 그리스 신화의 거인 프로메테우스는 하늘에서 불을 훔쳐 인간에게 선사하면서 제우스 신을 배신한다. 제우스는 그 벌로 프로메테우스를 바위에 쇠사슬로 묶어 독수리가 간을 쪼아 먹게 했다. 프로메테우스는 '인류에게 문명을 주고' (프리메이슨에게 영적 지혜를 준 것의 은유) 신으로부터 심판을 받은 사탄을 상징한다. 프로메테우스 상 옆에는 프로메테우스에 의해 진흙으로 창조된 남녀 동상이 있다. 국제빌딩 앞에는 프로메테우스의 형제 아틀라스가 제우스와의 전쟁에서 패해 벌로 천체를 들고 있는 동상이 있는데 이 역시 사탄을 상징한다.

금융 공룡 J.P. 모건의 탄생과 성장

J.P. 모건은행의 창업자인 존 피어폰트 모건 John Pierpont Morgan(1837~1913)은 1837년 뉴욕 인근의 코네티컷 주에서 태어났다. 아버지 일을 돕기 위해 1856년 금융계에 진출한 모건은 1861년 남북전쟁이 일어나자 뉴욕으로 진출해 J.P. 모건상사를 설립했다.

모건은 당시 화약 생산을 독점하고 있던 미국 최대의 무기상 뒤퐁 Dupont과 손잡고 총기류와 군화 등을 취급하는 무기 중개업자로 나서 큰 돈을 벌었다. 모건은 당시 악덕 상인으로 악명이 높았는데 격발 사고가 잦은 불량 총기와 반나절도 행군하지 않아 밑창이 떨어지는

불량 군화 등을 비싼 값
에 군납해 국회의 진상
조사를 받기까지 했다.

남북전쟁이 끝난 후
전쟁 특수가 사라지자
모건이 눈을 돌린 곳은
철도·통신 사업이었다.
모건은 철도 회사를 상

J.P. 모건   J.P. 모건체이스 투자은행

대로 기업 인수 합병을 단행해 1890년 모건의 철도 재산은 30억 달
러로 부풀었고, 미국의 4대 철도업자 가운데 하나로 급부상했다. 그
는 미국 최대의 철도업자 윌리엄 밴더빌트와 힘을 합쳐 전신 회사
웨스턴 유니온 사를 병합했다.

그리고 웨스턴 유니온에 토머스 에디슨Thomas Edison(1847~1931)이
라는 젊은이가 입사한 후 자신의 발명품을 잇따라 회사에 쏟아내기
시작했다. 그가 세기적 발명품인 전등을 발명한 뒤에 모건은 엄청
난 돈방석 위에 앉게 되었다. 모건은 벨이 발명하고 에디슨이 실용
화시킨 전화 사업에도 재빨리 손을 대 제너럴 일렉트릭GE을 설립하
여 전화 시장마저 삼켜버리는 등 평생 동안 1,000여 개의 발명품을
쏟아낸 에디슨을 철저하게 활용하여 부를 불려나갔다.

그는 철강왕 앤드류 카네기Andrew Carnegie(1835~1919)의 소유이던
카네기 제강을 당시로선 천문학적인 금액인 5억 달러에 사들인 다
음 이를 다시 자신이 소유하고 있던 페더럴 제강·내셔널 제강·아
메리카 제강 등과 합병시켜 'U.S. 스틸'이라는 미국 최대의 '철강

토머스 에디슨   앤드류 카네기

공룡'을 만들어 미국의 철강 업계를 장악했다.

최근 금융 위기는 어떻게 일어났나

2007년부터 불어 닥친 미국 서브프라임 모기지론(비우량 주택담보
대출)사태는 모기지(주택담보대출) 회사가 소득이 미미한 저신용자에
게 시세의 100퍼센트까지 대출을 해주면서 연 10퍼센트가 넘는 이
자를 받는 구조인데, 이미 몰락이 예견된 일이었다. 모기지 회사는
이 채권을 금융 회사에 넘겼고, 금융 회사는 고수익 상품으로 만들
어 투자자에게 팔았다. 금리가 오르고 집값이 떨어져 모기지론 대출
상환이 연체되자 연쇄적으로 주택 압류와 기업 파산이 일어났다.

사태가 악화되기까지 감독 권한이 있는 FRB는 아무 규제를 하지
않다가 파산하는 회사가 늘어나자 국민 세금으로 7천억 달러 규모

의 구제 금융을 실시했는데 자세한 사용처를 밝히지 않고 있다. 골드만삭스 CEO 출신인 헨리 폴슨Henry Paulson 재무장관은 문제를 일으킨 대형 은행과 보험사에만 도움을 주었고, 가난한 서민은 아무 도움도 못 받아 거리로 내몰리고 있다.

이러한 금융 위기는 대개 15년 단위로 일어나는데 미국에선 1980년대 저축대부조합 위기와 1990년대 IT 거품 붕괴 위기가 있었다. 거품이 형성되는 것은 의회가 금융 회사에 유리하게 법을 개정하고, FRB가 금리를 내리며, 정부가 규제를 완화하기 때문이다.

1992년 '연방 주택 금융의 재정 안정과 건전화에 대한 법안'이 의회에서 통과되어 프레디맥과 패니메이 같은 주택담보대출 회사에 저소득자 대출과 보증 압력이 가해져 수천억 달러의 대출이 이루어졌다. 월스트리트는 이 주택대출채권에 AAA 등급을 매겼고, 고금리 상품은 국내외 투자회사에 인기리에 판매됐다. 2002년부터 1퍼센트대 단기 대출 금리로 주택 시장 거품을 만든 FRB는 2006년 금리를 5퍼센트까지 올려 집값 거품을 뺐다. 교묘한 계약으로 상환 금액이 갈수록 늘어나는 모기지론을 판매하는 대출 회사도 늘어났지만 정부는 방관했고, 유착 의혹까지 있었다.

서브프라임 사태로 J.P. 모건 체이스 투자은행▪은 파산한 베어스

▪ 골드만삭스나 모건스탠리 같은 투자은행은 예금을 받고 대출해주는 상업은행과 달리 기업의 합병을 도와주고 다양한 금융 상품을 만들어 판매하는 일종의 증권회사다. 미국에서 상업은행과 투자은행은 1933년에 제정된 법에 의해 분리되었으나 1999년 클린턴은 은행과 증권사 사이의 장벽을 제거한 금융완화법에 서명했다. 때문에 뱅크오브아메리카(Bank of America)는 2008년 9월 메릴린치(Merrill Lynch) 투자은행을 인수할 수 있었다.

서브프라임 모기지론 사태로 압류된 주택

턴스 투자은행을 2008년 5월에 주당 10달러, 총 1,100억 달러에 인수했다. 정상 시 베어스턴스 주가가 100달러에 가까웠으므로 그들은 헐값에 베어스턴스 은행을 인수한 것이며 인수 자금은 FRB가 빌려줬다.

정부의 구제나 은행의 합병 없이 파산한 투자은행은 6천억 달러의 부채를 안고 쓰러진 리먼브라더스뿐이다. 2008년 9월 15일 파산한 리먼브라더스의 북미 자산은 영국의 바클레이스Barclays PLC 은행이 인수했고, 아시아 자산은 일본 노무라 홀딩스Nomura Holdings가 인수했다. 헨리 폴슨 재무장관이 리먼브라더스의 파산 전 합병과 구제를 모두 거부한 것은 아마도 골드만삭스가 리먼브라더스의 뉴욕 연방준비은행 지분을 노렸기 때문일 것이다.

서브프라임 사태로 미국 정부는 빚더미에 앉았고, 대형 은행은 경쟁 은행을 헐값에 인수했으며, 민간은행의 정부 지분 확대로 사회주의 통제 경제도 가능해졌으니 프리메이슨 입장에선 1석 3조의 효과를 거둔 것이다.

10년간 450퍼센트가 오른 금값

지난 10년간 금값은 450퍼센트나 올랐다. 세계 각국의 중앙은행은 3만 톤의 금을 가지고 있으면서도 금 보유량을 늘리고 있다. 미국 국채와 달러, 유로, 엔화 등 주요 통화도 불안한 상태가 지속되면서 자금이 갈 곳은 금, 원자재, 식량 시장밖에 없다. 따라서 원자재 가격은 폭등하고 불어난 달러가 이를 더욱 부채질하는 형국이다.

미국 건국 이후 200여 년 동안 여러 차례 금본위제 기간이 있었나. 현재의 불환 지폐(금으로 교환이 보증되지 않는 지폐)의 시기가 처음인 것은 아니다. 세계는 불환 지폐로 움직이다가도 결국 다시 태환 지폐(금본위제)로 돌아갔다. ■

즉 달러가 불환 지폐나 기축통화로서 영원할 수는 없다. 2008년 이란은 석유 결제 대금으로 달러 대신 유로와 자국 통화를 지정했

■ 그 기간들을 요약하면 다음과 같다.
- 1785-1861: 금본위제, 미국 건국 선조들은 제어되지 않은 돈 공급을 우려하였다.
- 1862-1879: 불환지폐(그린 백으로 알려짐). 남북전쟁의 전비를 충당함
- 1880-1914: 금본위제, 장기간 통화 안정
- 1915-1925: 불환지폐, 금 부족은 불환 통화의 시기를 가져왔다.
- 1926-1931: 금본위제, 세계는 통화들을 미국 달러와 영국 파운드에 고정하였다.
- 1931-1945: 불환지폐, 대공황과 2차 대전은 세계를 다시 불환 통화의 시기로 되돌렸다.
- 1945-1971: 금본위제, 브레튼 협약에 의해 세계는 온스당 35달러로 금이 교환되는 달러에 고정을 함.
- 1971년: 닉슨 대통령은 세계를 금본위제에서 이탈시켰다. 이제 어느 통화도 금으로 뒷받침 되지 않게 되었다.
- 1971-1973: 고정 달러 본위제, 스미소니언 조약은 사상 처음으로 세계 통화들을 금이 아닌 달러에 고정.
- 1973-오늘날: 변동 불환지폐, 바젤 조약은 기축통화로서 달러에 변동되는 환율인 현재의 체제를 재정하였다.

고, OPEC도 석유 거래를 달러로 제한하지 않겠다고 발표했다. 세계가 또다시 금본위제로 돌아갈 수도 있지만 경제 규모가 너무 커져서 그것도 쉽지 않다.

달러화의 몰락, 그 이후를 대비하라

2011년 8월 2일 민주당과 공화당은 우여곡절 끝에 미국 정부의 부채 상한선을 2조 달러 늘리는데 합의했지만 문제는 이제부터다. 2011년 8월 6일 국제신용평가사인 '스탠더드앤드푸어스S&P'가 미국 신용등급을 기존 AAA에서 AA+로 한 단계 낮췄다. S&P는 미국이 부채 상한 증액을 타결했지만 재정적자를 줄이는 데는 충분치 못한 결정이라고 평가한 것이다.

지금까지 '미국 재무부 채권T-Bond'이 무위험Risk-free 증권으로 불린 이유는 기축통화를 발행하는 초강대국 미국이 원금과 이자를 못 갚을 위험이 없었기 때문이다. 때문에 10년 간 미국 국채 금리가 3퍼센트 정도로 매우 낮았는데 미국의 신용등급이 떨어지면서 미국 국채도 위험자산으로 분류되고 국채 금리가 오를 수밖에 없다. 미국 국채 금리의 상승은 다른 대출 금리의 상승을 유발하고, 이는 기업과 가계의 부담이 되어 경기 침체를 유발한다. 미국 정부는 더 많은 이자를 갚기 위해 돈을 찍어야 하고, 인플레이션이 일어난다.

한국과 같은 수출국은 환율 하락과 선진국의 경기 침체로 수출이 어려워지고 미국 국채를 담보와 자산으로 삼는 금융 기관들도 큰 피해를 입게 된다.

《화폐전쟁》의 저자 중국의 쑹훙빙 재경연구원장

2008년 금융 위기를 예측했던 쑹훙빙宋鴻兵 재경연구원장은 적자가 지속되는 미국 정부의 신용등급 하락을 당연시 했다. 그는 이를 계기로 많은 국가가 외환 보유액의 다원화와 금 보유를 시도할 것으로 보았다. 쑹훙빙은 달러 체제가 천천히 쇠퇴하지 않고 갑자기 붕괴될 것으로 예상하며, 미국이 세력 약화를 막으려고 중국과 패권을 다투며 전쟁까지 일으킬 수 있다고 예상했다. 그는 대안으로 미국이 초국가적인 화폐 시스템을 만들어야 한다고 주장하고, 아시아도 중국을 중심으로 '아시아 화폐'를 추진할 것으로 보았다.

미국은 세계에서 가장 부채가 많고 돈을 인쇄하여 부채를 화폐로 만들고 있다. 돈 인쇄는 금리를 올리게 할 것이며, 이는 미국과 세계 경제에 더 많은 부담을 준다. 신용평가사들의 미국 부채에 대한 등급 하향이 이어질 것이며, 최악의 경우 의회 내에서 싸움은 미국 부채의 디폴트default(불이행)를 일으킬 수도 있다. 미국은 하이퍼인플레이션hyperinflation을 향한 길로 가고 있으며, 이는 미국 달러의 주도권의 종말과 세계 경제의 혼란을 일으킬 것이다.

"미국의 이익을 해치기 위해 활동하는 비밀결사에

우리가 관여하고 있다고 믿는 사람들이 있다.

그 사람들은 나와 내 가족을 세계주의자로 간주하며, 전 세계에 퍼져 있는

다른 사람과 공모해 더욱 완전한 형태의 지구적인 정치와 경제 조직,

즉 하나의 세계를 구축하는 음모를 꾸미고 있다고 믿고 있다.

만약 그것이 죄이고, 당신이 나를 고발한다면 나는 유죄다.

그러나 나는 이를 자랑스럽게 생각한다."

_데이비드 록펠러, 2002년 회고록

CHAPTER 5

프리메이슨의
조직과 운영

프리메이슨의 구조와 가입 의식

프리메이슨 조직은 국가 단위의 '대본부Grand Lodge' 가 있고, 그 아래 다수의 '지부Lodge' 가 있다. 지부는 '존경받는 장인Worshipful Master' 이라는 지부장의 통제를 받는다. 일부 지부에서 여성 가입을 허용하지만 주로 남성들의 모임이다. 프리메이슨의 자격 요건은 성년(18세 또는 21세)일 것, 범죄 전력이 없을 것, 초월적 존재와 영혼의 불멸을 믿을 것 등이다. 지원자가 가입 신청을 하면 지부 회원들의 비밀 투표로 허용 여부를 결정한다. 시련ordeal이라 불리는 투표의 찬성에는 흰 공을, 반대에는 검은 공을 사용하며, 만장일치로 허용을 결정한다.

'하우스 오브 템플'의 제단

프리메이슨이 되려면 수련생 입문과 직급장 입문을 거쳐야 한다. 수련단계의 입문에선 먼저 명상실로 가서 여러 상징들을 만나게 되는데, 명상실은 고대로부터 전해 내려온 여러 가지 형태의 지옥에 떨어지는 이야기에 영감을 받은 것이다.

지원자는 '사자의 서'에서 '빛의 아들'이 두 명의 '왕의 아이들'의 안내를 받듯이 두 명의 직급장 메이슨의 안내를 받는다. 지원자는 자기 몸에 착용한 금속 장신구를 벗는다. 이러한 '금속 벗기'의 전은 지옥으로 내려가는 여신 이슈타르에 대한 바빌론 신화에 잘 나타나 있다. 메이슨의 모든 비밀에 대해 침묵을 지키겠다는 언약을 한 후 지원자는 어떤 글이 담긴 쓴 음료를 마시는 의식을 한다. 토리노의 마법의 파피루스에 따르면 사람들은 아마포 조각 위에 신성한 주문을 쓴 다음 그것을 맥주에 풀어 입문자에게 마시게 하였다.

가입 의식은 지원자의 눈을 가리거나 두건을 씌운 뒤 밧줄로 인도한다. 이 밧줄 끌기 의식은 프리메이슨 조직의 요구를 완전히 따르겠다는 태도를 상징한다. 의식 중간에 무지를 상징하는 두건이 벗겨지면서 지원자는 '빛'을 받아들인 뒤 의무 이행과 비밀 준수를 다짐한다. 지원자는 지부 중심의 제단에서 우주 최고 건축가 및 인류에게 자신을 바칠 것을 약속한다. 그리고 프리메이슨의 세 가지

위대한 빛인 성경과 직각자
와 컴퍼스를 받는다.

마지막으로 지부장은 지
원자에게 의식의 각 단계를
설명하고, 지원자는 '숙달
Proficiency'이라는 내용을 외
운다. 의식이 끝나면 입문
자에게 순결을 상징하는 흰
양가죽 앞치마가 주어진다.

프리메이슨 가입 의식
(왼쪽은 마스터, 가운데는 지원자, 오른쪽은 안내자다)

프리메이슨이 된 사람의 제1차 의무는, 상급자에게 절대 복종하는 것이다.■ 프리메이슨에서는 1도에서 3도까지는 수련생이라고 부르고, 4도 이상이 될 때 공식적인 프리메이슨 곧 '시크릿 마스터 메이슨Secret Master Mason'이라고 부른다. 이때부터는 프리메이슨 조직의 비밀을 보존할 수 있을 정도라고 인정을 받으면서 메이슨의 한 사람으로 사실상 비밀결사에 가담하는 것으로 볼 수 있다.

■ '하급 삼단계'(Blue Degree) 후보들이 하는 맹세는 다음과 같다.
  • 입문자(Entered Apprentice, 첫 번째 등급): 엄격하고 진지하게 맹세하는 모든 것에, 조금도 주저함이나 흐트러짐 없이, 만약에 이 맹세를 어기면 내 목을 자르거나 내 혀를 뿌리까지 뽑아버리거나 내 몸을 물이 흐르는 지역에 생매장시켜 죽여도 좋다.
  • 숙련공(Fellowcraft, 두 번째 등급): 만약 의도적으로 거룩한 맹세를 깨거나 동료들과의 약속을 어기면, 내 왼쪽 가슴을 찢어 심장과 내장을 꺼내서 여호사밧 골짜기로 가져가서, 야생 짐승의 먹이가 되도록 해도 좋다.
  • 장인(Master Mason, 세 번째 등급): 만약 거룩한 서원과 맹세를 어기면, 존재할 가치가 없는 악한 내 몸을 중간에서 쪼개서 하나는 남쪽으로, 하나는 동쪽으로 보내고 내장은 불태워서 잿가루를 사방으로 흩뿌려서, 나라는 존재가 조금도 흔적이 남지 않도록 해도 좋다.

프리메이슨 입문 의식

3등급 장인이 되면 지부 매뉴얼이라는 작은 책을 받게 되는데 여기에는 프리메이슨 의식과 상징의 의미가 담겨 있다. 장인 이상의 승급을 원한다면 '스코티쉬 의식Scottish Rite'이나 '요크 의식York Rite' 중 하나를 골라야 한다.■ 프리메이슨 중 소수만이 18도 이상으로 진급하는데 계급을 올라갈수록 회원의 수는 줄어들어서 31도는

■ 스코티쉬 의식은 32등급이 있고, 각 등급은 Perfect Master(5도, 완벽한 장인), Grand Master of Architect(12도, 건축의 대장인), Prince of Jerusalem(16도, 예루살렘의 왕자), Grand Pontiff(19도, 대제사장), Knight of the Brazen Serpent(25도, 놋쇠 뱀의 기사), Knight of the Sun(28도, 태양의 기사), Sublime Prince of the Royal Secret(32도, 왕실 비밀의 숭고한 왕자) 등으로 불린다. 33도는 '그랜드 마스터'(Grand Master)라고 부르며 최고 위원회(Supreme Council)에서 수여한다. 33도 중에서 평의회를 열어서 최고 의장을 뽑아서 그를 프리메이슨의 법황으로 삼고 법황의 지시에 전적으로 따른다.
요크 의식을 따르면 10개 등급이 있고, Royal Arch Mason(왕실 아치 석공), Order of Red Cross(적십자단), Order of Knights of Malta(말타 기사단), Order of Knights of Templar(템플 기사단) 등으로 불린다.

프리메이슨 승급 의식

500명, 32도는 180명, 33도는 85명뿐이다.

전직 영국정보부[MI-6] 출신의 음모론계의 가장 믿을 만한 연구가
인 존 콜먼[John Coleman]은 《프리메이슨에 대한 모든 것[Freemasonry from A
to Z]》에서 이렇게 말했다.

"프리메이슨은 매우 분명하게 사탄 숭배와 이교 숭배에 기초한 종교적 성
향을 띤다. 집단은 적그리스도적이고, 반기독교적이며, 기독 신앙의 뿌리
를 뽑는 것에 오래 전부터 헌신하고 있다. 물론 이러한 목적은 대부분의 회
원들 특히, 3도 이하의 회원들에겐 감춰져 있다(알려져 있지 않다)."

"프리메이슨은 조직의 3도까지는 도덕적이고 윤리적이며 박애적인 사회단
체이다. 대부분의 광범위한 프리메이슨회원들은 3도 이상은 진급하지 못

프리메이슨 계급체계, 왼쪽이 스코틀랜드파, 오른쪽이 요크파

한다. 따라서 그들 집단의 진정한 성격과 목적, 계획들을 알지 못한다. …… 프리메이슨의 자선사업가적인 측면은 하나의 가면이고, 진실성이 없다. 기만술일 뿐이며, 그들의 진정한 면목을 가리기 위한 위장이다."

프리메이슨의 의사 결정 흐름

프리메이슨 최상위 조직인 '300인 위원회The Committee of 300' 는 영국 왕실에 의해 1727년에 세워진 동인도 회사의 '300인 회의Council of 300' 에서 발전했다. 동인도 회사는 중국과의 아편 교역으로 부를 축적했다. 300인 위원회에는 영국, 네덜란드, 덴마크의 여왕과 유럽 왕실 가족과 다국적 대기업 총수와 고위 정치인 등이 참여한다.

300인 위원회의 최종 목적은 식민 사회를 넘어 완벽히 통제되는 단일세계정부를 수립하는 것이다. 전직 MI-6 요원이자 프리메이슨 연구가인 존 콜먼은 300인 위원회가 다음과 같이 세계의 정치, 경제, 사회 통합운동을 하고 있다고 밝혔다.

❶ 300인 위원회의 감독 아래 통일된 교회와 금융제도를 가진 단일세계정부One World Government를 확립한다.

❷ 모든 국민국가의 정체성과 자부심을 철저히 타파한다.

❸ 마인드 컨트롤과 브레진스키가 말한 '테크노트로닉스Technotronics' (감시 사회)를 이용하여 모든 개인들을 통제할 수 있는 능력을 키운다.

❹ '탈공업화 성장 제로 사회' 라는 정책에 근거하여 모든 공업화와 핵에너지에 의한 전력 생산에 종지부를 찍는다. 컴퓨터와 서비스 산업은 예외다.

❺ 마약 복용을 부추기고 합법화시킨다. 포르노를 '예술' 로 널리 받아들이게 하고 마침내 일상적인 것으로 만든다.

❻ 대도시 인구를 격감시킨다.

❼ 과학 발전은 300인 위원회가 유익하다고 생각하는 것만 제외하고 억제한다.

❽ 선진국에는 국지전을 일으키며, 제3세계 국가들에게는 전염병을 퍼뜨리고 기근을 일으켜 쓸데없이 밥만 축내는 30억의 사람들을 2050년까지 제거한다.

❾ 대량 실업을 일으켜 국민의 도덕심과 노동자의 생산 의욕을 떨어뜨린다.

❿ 위기 상황을 연달아 일으키고 이를 '관리' 함으로써 모든 인간들이 스

스로 운명을 결정하지 못하도록 만든다.

⓫ 새로운 '컬트'들을 들여오고 이미 제 몫을 하고 있는 록 그룹 같은 것들을 밀어준다.

⓬ 세계 경제를 완전히 붕괴시키고 정치적인 혼란을 빚게 한다.

⓭ UN, 국제통화기금^{IMF}, 국제결제은행^{BIS}, 국제사법재판소^{ICJ}와 같은 초국가적 제도를 강화시키고 국지적인 기관들은 약화 혹은 폐지시킨다.

⓮ 모든 정부의 중추에 침입하여 정권을 타도하고 정부가 대표하는 국가 주권을 내부에서부터 파괴한다.

⓯ 세계적인 테러리스트 단체를 조직하고 테러가 일어날 때마다 그들과 교섭한다.

⓰ 미국의 교육을 통제하고 철저히 파괴한다.

프리메이슨의 의사 결정 흐름은 '문제 제기와 결정 ➡ 집행부에 제시 ➡ 연구 ➡ 명령의 집행 ➡ 은밀한 집행 기관 ➡ 대중 인식과 여론 조작'의 순서를 따른다.

문제 제기와 결정은 300인 위원회, 왕실 가족, 9명의 알려지지 않은 톱 일루미나티 회원, 타비스톡 인관 관계 연구소$^{Tavistock\ Institute}$에 의해 이루어진다. 집행부에 제시하는 일은 영국 왕립국제문제연구소 ^{RIIA}가 한다. 연구는 각 대학과 연구소, 재단, 싱크탱크에서 수행한다. 명령의 집행은 CFR, 빌더버그 회의, 삼극위원회, 국가안전보장협의회, 로마클럽, 모건은행에서 한다. 은밀한 집행 기관으로는 영국 MI-6, 미국 CIA, FBI역정보부서(제5과)에서 한다. 대중 인식과 여론 조작은 매체 위원회, 뉴스 미디어, 여론 조사 기관, 정보 기관에서 담

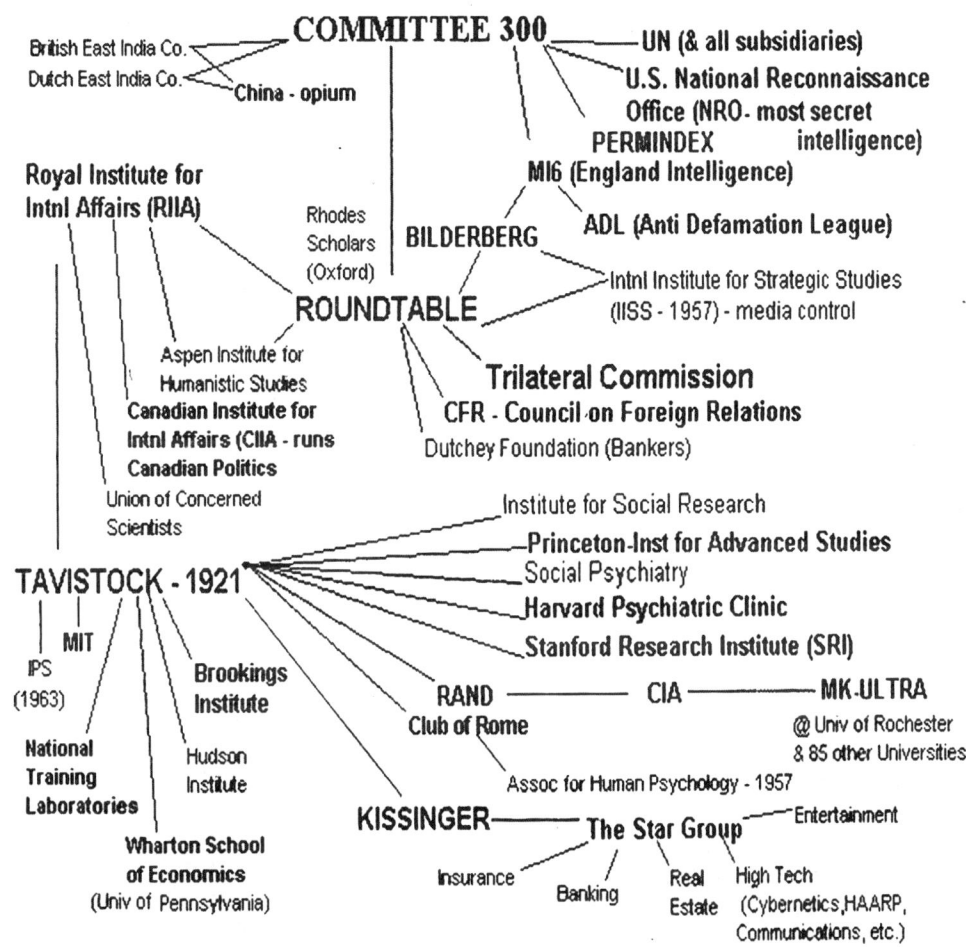

COMMITTEE 300

British East India Co.
Dutch East India Co.
China - opium

Royal Institute for
Intnl Affairs (RIIA)

Rhodes
Scholars
(Oxford)

BILDERBERG

ROUNDTABLE

Aspen Institute for
Humanistic Studies
Canadian Institute for
Intnl Affairs (CIIA - runs
Canadian Politics

Union of Concerned
Scientists

TAVISTOCK - 1921

MIT

IPS
(1963)

Brookings
Institute

National
Training
Laboratories

Hudson
Institute

Wharton School
of Economics
(Univ of Pennsylvania)

UN (& all subsidiaries)
U.S. National Reconnaissance
Office (NRO - most secret
PERMINDEX   intelligence)
MI6 (England Intelligence)

ADL (Anti Defamation League)

Intnl Institute for Strategic Studies
(IISS - 1957) - media control

Trilateral Commission
CFR - Council on Foreign Relations
Dutchey Foundation (Bankers)

Institute for Social Research
Princeton-Inst for Advanced Studies
Social Psychiatry
Harvard Psychiatric Clinic
Stanford Research Institute (SRI)

RAND ———————— CIA ———————— MK-ULTRA
Club of Rome

@ Univ of Rochester
& 85 other Universities

Assoc for Human Psychology - 1957

KISSINGER ———————— The Star Group

Insurance   Banking   Real   High Tech
                                Estate   (Cybernetics,HAARP,
                                          Communications, etc.)

Entertainment

300위원회 산하 프리메이슨 조직도 ■

■ 조직도에 나와 있는 조직 및 단체와 지면에서 언급하지 못한 상세한 설명에 대해서는 저자의 홈페
이지에 있는 방대한 분량의 연구자료를 참고하라.
주소는 www.aspire7.net/english/dark.html이다.

보헤미안 그로브 인신 제사 의식

보헤미안 그로브에 참석한 레이건과 닉슨

당한다.

그 외에 위에서 언급된 프리메이슨의 전체 구조와 조직이 어떤 식으로 '신세계질서'를 위해 협력하는지에 대해서는 제3부의 1장에서 자세하게 기술할 예정이다. NATO, G20정상회담, 왕립국제문제연구소, 원탁회의, 로마클럽, 빌더버그, 삼극위원회, CFR ……. 다소 생소한 단체들이겠지만 이들을 눈여겨보기 바란다. 이들은 현재 선봉에 서서 제몫을 해내고 있는 프리메이슨의 기본 축들이다.

정치인들의 비밀회의, 보헤미안 그로브

보헤미안 그로브Bohemian Grove는 2,300명의 고위 정치인, 은행가, 경영자, 마피아, 연예인 등이 매년 7월에 샌프란시스코 근교의 휴양지에 모여 즐기다가 사탄 숭배와 인신 제사 의식을 벌이는 모임이다. 1879년부터 시작된 이 남성 전용 모임은 2주 동안 진행되며, 미국의 주요 정책이 결정되기도 한다. 1923년 이후 공화당 출신 미국 대통령들과 콜린 파월, 딕 체니, 엘 고어, 빌 클린턴, 헨리 키신저, 제럴드 포드 등이 회원이었다. 모임의 하이라이트인 인신 제사 의식은 40피트 높이(약 12.2미터)의 바빌론 '부엉이 신'(몰록) 앞에서 산 사람을 불에 태우며 행해진다. 유튜브에 접속하면 2000년 알렉스 존스가 보헤미안 그로브에 몰래 잠입해 촬영한 동영상을 볼 수 있다(1시간 15분부터 인신 제사 의식이 시작된다. 제목은 'Dark Secrets : Inside Bohemian Grove Full Length' 이다).

"미국에 일루미나티 단체들이 세워지고 있다는 충분한 증거가 있다.

그들은 은밀히 우리의 오랜 관습과 문명과 신성함을 무너뜨리려고 노력한다.

적들은 우리의 파멸을 추구한다.

불신앙이 널리 퍼지고, 우리의 독립성은 추락하며,

우리의 공화국 정부도 무너질 것이다."

_조셉 윌라드, 1812년(Joseph Willard, 하버드 대학교 총장)

CHAPTER 6

사탄의 빛을 받다,
일루미나티

루시퍼의 계시로 움직이는 사람들

예수회의 회원이자 독일 바이에른의 잉골스타트 대학교 교회법 교수였던 아담 바이스하우프트^Adam Weishaupt(1748~1830, 아버지가 유대인)는 프리메이슨 사상과 계몽주의 사상(루소)을 결부시켜 1776년 5월 1일 일루미나티를 창립했다. 이집트와 바빌론 신비주의 종교를 계승한 일루미나티^illuminati는 '깨달은 자' 또는 '빛을 받은 자' 라는 뜻의 비밀 집단이고, 실제로는 루시퍼^Lucifer의 계시를 받고 행동하는 집단이다.

일루미나티의 목적은 모든 왕정과 시민 사회와 종교와 가족제도와 사유재산을 말살하고, 루시퍼를 믿는 종교 하의 단일세계정부를

아담 바이스하우프트　　　　　　　　일루미나티 전시안 상징

세우는 것이다. 아담 바이스하우프트가 주도하는 일루미나티 회원
들은 당시 독일에 진출해 있던 프리메이슨 데오돌 지부에 매력을
느끼고 가입한다. 가입 목적은 프리메이슨 조직을 이용하기 위함이
었는데 마침내 일루미나티 조직과 프리메이슨 조직을 하나로 합치
게 되었다. 일루미나티를 공식 출범시킨 1776년 5월 1일은 노동절
인 '메이데이Mayday'로 변질되어 기념되고 있다.

　일루미나티 회원들은 노비스Novice(신참자), 미네발Minerval, 계몽된
미네발 등 3개 계급으로 나뉘었고, 일루미나티의 7대 목표에 대한
교육을 철저히 받는다. 바이스하우프트는 다음과 같이 주장했다.

"평등과 자유는 태고의 원형적 인간이 자연으로부터 선물 받은 근본적인
권리다. 이 평등을 최초로 침해한 것은 사유재산제도이고, 자유를 속박한
것은 권력 집단, 혹은 정부라고 하는 것이다. 서구 문명에서 사유재산제도
와 정부의 존립 기반은 기독교적인 시민사회의 규범과 제도다. 그러므로

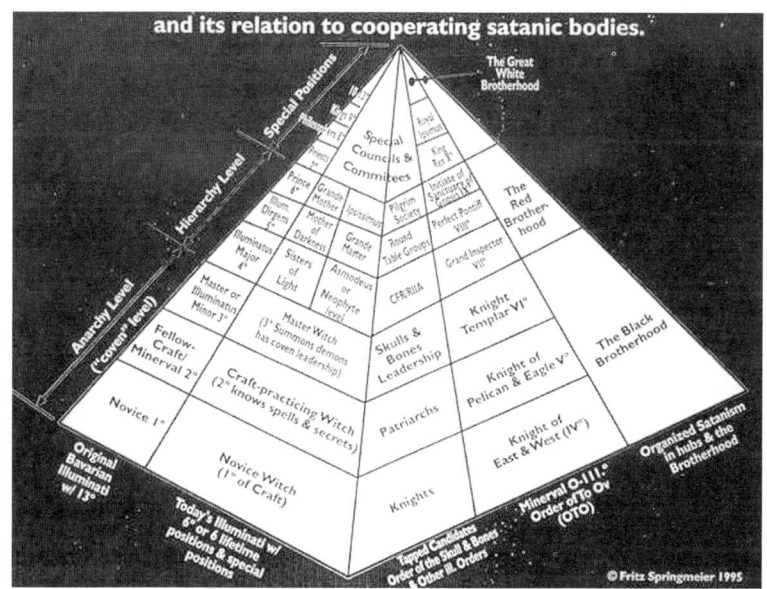

일루미나티 조직도

인간이 그의 태곳적 원시 상태의 평등과 자유를 회복하기 위해서는 먼저 기독교와 시민사회를 타도해야 하며 마지막으로는 사유재산을 폐지해야 한다."

바이스하우프트의 이러한 논리는 일루미나티의 근원적인 사상으로 니체에게 영향을 주어 신을 부정하게 했다. 마르크스와 엥겔스도 프랑스로 유학 왔다가 일루미나티 산하 조직인 '공산동맹 kommunistische Internationale' 에 가입했고, 1848년 '공산당 선언'을 발표했다. 1814년 러시아가 나폴레옹 군대와 전쟁을 할 때 파리를 점령한 러시아 장교들은 일루미나티 사상을 접하고 귀국한 후 러시아에서 '북극성 종단the north polar star' 과 '남극성 종단the South Polar star' 이란 프리메이슨 단체를 설립한다.

일루미나티의 7대 목표는 다음과 같다. ■

1. 모든 개별 국가의 파괴.

2. 모든 종교의 파괴 그러나 사탄주의는 제외.

3. 가족제도 폐지.

4. 사유재산 제도 폐지.

5. 고율의 상속세로 상속권의 폐지.

6. 애국주의 파괴.

7. 일루미나티의 통제를 받는 국제 연합 아래 세계정부 창조.

어릴 적부터 일루미나티에 있다가 탈출한 스발리Svali라는 여인의 라디오 인터뷰에 의하면 고위 프리메이슨은 대부분 일루미나티라고 한다. 그들의 목표는 신세계질서로 세계를 정복하는 것이다. 일루미나티는 '깨달음enlightenment' 이라는 신앙을 가지고 있는데 이 깨달음은 루시페리안Luciferian 철학을 기본으로 하고 있으며, 과거 바빌론,

---

■ 1. Abolition of all national governments.
2. Abolition of all religions except Satanism.
3. Abolition of the family.
4. Abolition of private property.
5. Abolition of inheritance by high inheritance taxes.
6. Abolition of patriotism.
7. Creation of the world government under the United Nations controlled by the Illuminati.

이집트, 드루이즘과 같은 '고대 종교'에 뿌리를 두고 있다. 일루미나티는 이 고대 종교로부터 핵심 요소들을 취하여 신비주의 종교를 만들어 냈다.

하위 단계의 조직들은 '엘' '바알' '이쉬타르'

일루미나티의 마인드컨트롤 프로그래머였던 스발리

'이시스' '오시리스' 그리고 '셋'과 같은 고대 신들을 숭배한다. 그리고 이들의 가르침과 신앙의 핵심은 "악"이다.

성경에 몰렉에게 아이를 바치는 의식이 있듯이 스발리는 어릴 적 바티칸 지하에서 일루미나티가 바치는 인신 제사를 목격했다. 그녀에 의하면 일루미나티의 자금원은 포르노, 매춘, 총기 거래, 도박 등이라고 한다. 또한 미국 인구의 1퍼센트가 일루미나티이고, 이들은 어릴 때부터 무기를 자유자재로 다루는 암살자로 길러진다고 주장했다.

일루미나티가 역사적으로 끼친 영향들

프랑크푸르트의 로스차일드, 암스테르담의 멘델손과 베르타이머, 함부르크의 오펜하이머, 런던의 골드슈미트 등 18세기 후반 유대인 은행가들이 비밀리에 일루미나티를 후원했다.

들라클루아의 '민중을 이끄는 자유의 여신'

이들의 목표는 기독교에 기초한 유럽 왕조를 타도하는 일이었다. 즉, 계몽주의로 대변되는 인본주의와 자유·평등을 내건 혁명 사상을 확산시켜 사양길에 접어든 전통적 토지 귀족을 밀어내고 근대 정부를 세우는 것이다.

일루미나티가 일으킨 여러 혁명이 유럽의 왕정 국가에 큰 혼돈을 초래하자, 1784년 '바바리아 정부'(구 독일지역)는 일루미나티와 여러 비밀 집단들을 유럽의 왕정 체제를 전복하려는 반역 집단으로 규정하여 금지시켰다.

이 와중에 일루미나티의 조직원이 소지하고 다니다 벼락을 맞아 죽은 뒤에 발견된 《시온의정서 The Protocols of Elders of Zion》로 인해 세계 정복 비밀 전략이 노출되어 일루미나티는 대대적으로 색출, 투옥되어 와해되었다. 그러자 일루미나티는 1786년에 본부를 스위스와 런던으로 옮겼고, 비밀 조직인 프리메이슨에 침투하여 세력을 규합한 후 그 상층부를 점령하여 오늘날에 이르고 있다.

1789년 프랑스 혁명을 가능케한 자유·평등·박애의 정신은 사실 일루미나티의 이념이다. 루이 16세 치하의 프랑스 정부는 당시 빚더미에 앉아 있었는데 일루미나티에 포섭된 프리메이슨 귀족이

프랑스 인권 선언 기념비   루이16세의 단두대 처형(1793)

식량을 매점매석하자 국민의 원성이 높아졌다. 그러자 프리메이슨
이 조직폭력배와 군중을 선동해 죄수가 7명밖에 없는 바스티유 감
옥을 습격해 무기를 습득한다. 이틀 후 파리의 시장과 수비대장이
살해되었으며, 혼란에 놀란 의회는 1789년 황급히 자유·평등·재
산에 대한 불가침 그리고 저항할 권리 등을 표방하는 '프랑스 인권
선언'을 선포했다.

   프랑스 인권 선언은 '사람은 태어나면서부터 자유 및 평등의 권
리를 가진다.'라는 구절로 시작되는데, 기념비를 보면 일루미나티
의 상징과 이념으로 가득하다. 비석의 왼편 위쪽에서 쇠사슬을 자
르는 여신은 프랑스를 상징하며, 법의 여신이라 불리는 우측 천사
의 오른손 끝에 빛나고 있는 것은 전시안이다. 프랑스 혁명 후 집권
한 자코뱅당은 교회를 폐쇄하고 성직자와 반대자를 처형하는 등 공

주세페 마치니　　　블라디미르 레닌

포 정치를 실시했다. 프랑
스 국왕 루이 16세와 왕비
마리 앙투아네트는 국가
반역죄로 1793년 파리의
콩코드 광장 단두대에서
처형되었으며, 이후 수천
명의 귀족들이 같은 장소
에서 처형됐다.

이탈리아 혁명가 주세페 마치니Guiseppe Mazzini(1805~1872)는 일루
미나티에 의해 유럽에서 왕정을 전복할 공작 책임자로 임명되었다.
마치니가 1872년 사망한 후에 앨버트 파이크는 유럽의 왕정을 전복
시키기 위한 일루미나티 책임자로 은행가이자 프리메이슨 33도였
던 아드리아노 렘미Adriano Remmi를 임명했다. 그의 역할은 블라디미
르 레닌Vladimir Lenin과 트로츠키로 이어졌으며, 레닌과 트로츠키는
영국, 독일, 미국의 은행가들의 자금 지원으로 그들의 혁명을 성공
시켰는데, 이 은행가들의 총 배후는 로스차일드 가문이다.

또한 러시아 임시 정부의 수장인 알렉산더 케렌스키Alexander
Kerensky(1881~1970)는 브나이 브리스Bnai Brith(1882년 창설된 프리메이슨
단체) 단원이었으며, 사회민주노동당의 레닌은 폭력배들을 이끌었
다. 레닌이 집권하자 러시아 혁명에 앞장섰던 공산주의자들은 대부
분 숙청되었고, 레닌과 스탈린은 수천만 명의 러시아인들(주로 기독
교인들)을 학살하였다.

'브리티시-더치 뱅킹 카르텔British-Dutch Banking Cartel' 은 미국 FRB

의 실제 소유주로 볼셰비키에 이어 히틀러와 무솔리니를 경제적으로 후원하여 2차 세계 대전을 일으키도록 배후에서 조종했다. 앞으로 일루미나티는 새로운 국제 질서를 위해 3차대전을 조장할 텐데

사탄의 상징 바포멧

사탄 숭배 의식

중국과 러시아가 영미 연합군에 맞설 수 있도록 힘을 키워줄 것이다.

팔라스 여신단^{Order of Palladium}(이집트에 기원하며 피타고라스에 의해 그리스에 도입된 사탄 숭배 조직)은 1737년 파리에서 결성되었으며, 유대인 의사인 아이작 롱^{Issac Long}(1822~1904)에 의해 북아메리카에 도입되었다. 아이작 롱은 십자군 전쟁 당시 템플 기사단이 숭배했다고 알려진 바포멧 우상을 미국 사우스캐롤라이나 주 찰스턴으로 반입하여 북아메리카 스코티시 프리메이슨을 결성했다. 앨버트 파이크는 아이작 롱의 후계자였으며, 팔라스 여신단의 그랜드 마스터가 되었다. 앨버트 파이크는 또한 이탈리아 혁명가이자 프리메이슨 33도였던 주세페 마치니와 긴밀한 관계였는데 마치니는 1834년 전 세계 일루미나티의 대표가 되었고, 이탈리아 마피아는 주세페 마치니에 의해 1860년 결성되었다.

1. 근본주의는 21세기의 적이다.

2. 1923년에 북장로 총회가 세운 〈5가지 신앙신조〉는 율법주의적이고 편협한 (Legalistic and Narrow) 그리스도인의 개념에 불과하다.

3. 21세기는 종교 다원주의에 의해 움직일 것이며, 이것만이 세계 평화와 인류 공존의 유일한 길이다.

4. 가톨릭과 복음주의자들은 연대하여야 한다.

5. 평화를 위해서는 무슬림과 크리스천 사이에 구별이 없다.

   함께 일하여 제2의 개혁을 해야 한다.

6. 나는 세계 모든 종파의 기독교 지도자들과 협력한다.

_릭 워렌, 2005.5.23 '퓨 포럼' 의 발언 중에서 (Rick Warren, 목사)

CHAPTER 7

성공의 유혹,
뉴에이지

뉴에이지^{New Age}는 유일신을 부정하며, 범신론적이고, 개인이나 집단의 영적 각성을 추구한다. 1933년 뉴에이저들은 과학주의, 진화론, 유물론적인 생명관을 토대로 한 인간 중심의 낙관적인 생활 철학과 무신론을 골자로 하는 '인본주의 선언 I'^{Humanist Manifesto I} 15개 조항을 발표하면서 '인본주의 이념'을 사회, 교육, 종교, 예술, 스포츠 등에 조직적이고 체계적인 침투시켜 영향력을 행사했다. 그 후 우리 사회는 신본주의에서 인본주의로 변질되고, 윤리관이 무너졌으며, 범죄와 이혼과 자살이 급증하는 현상이 나타났다.

1973년 '인본주의 선언 II' 17개 조항에는 전쟁, 식량, 에너지, 인구, 핵무기, 환경 등과 같은 세계 공통적인 문제를 해결하기 위하여 '하나 된 세계정부'가 있어야 된다고 주장하고, 인종과 국경을

신지학회 로고   펜타그램   영지주의 상징 아브락시스

무너뜨려 지구촌 공동체를 건설할 것을 제시했다. 이처럼 뉴에이저들의 궁극적인 목표도 '단일세계정부'를 수립하는 것이다.

뉴에이저들은 마인드 컨트롤, 최면술, 요가, 명상, 마법 등을 통해 세계 모든 종교를 수용하는 '종교통합운동'을 전개하고 있으며, 이러한 사상은 '포스트 모더니즘 신학'이라는 이름으로 WCC^{The World Council of Churches}를 비롯한 기독교계에도 침투하여 타종교와 대화가 계속되고 있다. 뉴에이저들이 공개한 '새로운 시대^{New Age}'의 요점은 다음과 같다. ■

❶ 이 계획의 주된 목표는 하나의 세계를 건설하기 위해 단일세계종교와 단일세계정부를 세우는 일이다.

❷ 이 운동은 비밀스런 의식, 마법, 신비주의, 바빌론 종교를 부활시킬 것이다.

❸ 이 계획은 뉴에이지 메시야 즉, '666'이라는 숫자를 지닌 적그리스도

─────────

■ 출처는 다음과 같다. w1.hompy.com/harvest/bb_2.htm 참조 19번

가 육신으로 와서 통합된 뉴에이지 종교를 이끌고 '신세계질서'를 이룩하게 될 때 완성될 것으로 믿는다.

❹ 영적 안내자들은 인간이 뉴에이지를 시작할 수 있도록 도와줌으로써 적그리스도가 세계적인 대스승으로 인류에게 존경을 받는 길을 예비하게 될 것이다.

❺ 이 운동의 표어는 사랑, 평화, 단결이다.

❻ 이 운동에 대한 교육은 전 세계의 모든 사회 계층까지 전파되고 진행될 것이다. 특히 모든 학교에서 뉴에이지 교리를 주입시키고 교실은 뉴에이지 교육장으로 사용될 것이다.

❼ 모든 인류에게 '인간 자신이 신령한 신神' 이라고 믿도록 교육한다.

❽ 과학과 뉴에이지 세계종교는 하나다.

❾ 이 운동의 지도자들과 신봉자들은 예수는 신神도 아니고, 그리스도도 아님과 기독교의 교리는 배척해야 함을 전해야 한다.

❿ 기독교를 포함한 모든 종교들은 뉴에이지 세계종교에 종속되어야 한다.

⓫ 이 계획을 거부하는 자들은 제거되어야 한다. 특히 반대하는 크리스천들은 모두 몰살시켜서라도 세계를 정화시킬 것이다.

'번영신학prosperity gospel(건강과 부를 추구하는 신학)'은 노만 빈센트 필로부터 시작하여 로버트 슐러, 릭 워렌, 베니힌, 조엘 오스틴까지 미국에서 만연되고 있는 세속주의 풍조를 그대로 보여준다. 이 번영신학의 골자는 인간은 자신의 긍정과 적극적 신념을 통해 하나님으로부터 부흥과 복과 건강을 이끌어낸다는 것이다. 미국에서 이 운동을 전개하는 목사들은 공통적으로 종교 다원주의와 뉴에이지

프리메이슨 노만 빈센트 필, 그의 저서 《적극적 삶》

를 추구한다는 비평을 받고 있다.

L.A.의 수정교회 Crystal Cathedral는 번영 신학의 대명사 로버트 슐러 목사가 세운 미국의 대표적 대형 교회다.

로버트 슐러 목사는 통일교의 문선명과도 교분을 가지고 있으며 통일교 행사에 자주 모습을 드러낸다. 수정교회의 각종 프로그램은 방송사의 버라이어티 쇼에 필적한다. 특히 부활절과 성탄절의 공연은 라스베이거스의 공연에 못지않다. 이 교회의 건물은 1만 장의 유리로 지어져 낮이면 수킬로미터 밖에서도 수정처럼 빛나는데, 최근에는 파산할 처지가 되어 2010년 10월 법원에 '파산 보호Chapter 11'를 신청했다.

33도 프리메이슨 로버트 슐러의 저서
《너 자신을 믿어라》

수정교회

릭 워렌도 프리메이슨 단체 CFR(외교관계협의회)의 정회원으로서 프리메이슨 사역에 깊이 관여하고 있다. 그도 번영신학의 맥을 이어받아 대형 교회인 새들백교회를 세웠으며, 프리메이슨의 기본 사

프리메이슨 릭 워렌(CFR 맴버),
베스트셀러 《목적이 이끄는 삶》

상인 박애와 평화를 모티브로 삼아 '하나의 종교'라는 목표를 실현하고 있다. 릭 워렌과 번영신학자들은 가톨릭과 연계된 영성 훈련인 알파코스Alpha Course(치유 중심의 종합적인 전도 방식)를 지원한다.

릭 워렌은 워싱턴 민간 연구 기관인 '퓨 포럼Pew Forum on Religion'(2005.5.23)에서 다음과 같은 중요한 발언을 한 바 있다.

❶ 근본주의는 21세기의 적이다.

❷ 1923년에 북장로 총회가 세운 〈5가지 신앙신조〉는 율법주의적이고 편협한Legalistic and Narrow 그리스도인의 개념에 불과하다. ■

❸ 21세기는 종교 다원주의에 의해 움직일 것이며, 이것만이 세계 평화와

■ 〈5가지 신앙 신조란〉
 - 성경의 무오성
 - 예수의 동정녀 탄생과 예수의 신성
 - 예수는 인류의 죄를 구속하시기 위하여 오셨고 예수를 믿음으로만 구원 얻음
 - 예수님의 부활
 - 예수님의 재림

인류 공존의 유일한 길이다.

❹ 가톨릭과 복음주의자들은 연대하여야 한다.

❺ 평화를 위해서는 무슬림과 크리스천 사이에 구별이 없다. 함께 일하여
제2의 개혁을 해야 한다.

❻ 나는 세계 모든 종파의 기독교 지도자들과 협력한다.

믿는 대로 된다는 《긍정의 힘》의 저자 조엘 오스틴 목사가 1999년
담임으로 부임한 레이크우드교회는 성도 수가 4배 이상 늘어났다.

번영신학은 마음먹은 대로 주어지는 이 세상의 축복을 강조하지
만 복음의 핵심인 죄, 회개, 고난, 성화에 대해선 언급하지 않는다.
조엘 오스틴은 몰몬교를 승인하며, 예수님을 유일한 구원주로 가르
치지 않는다. 뉴에이지 서적 같은 책, 《긍정의 힘》은 다음과 같은 내
용을 담고 있다.

"나는 긍정의 힘을 믿습니다!

인생이 100배 달라지는 최선의 삶을 위한 7단계!

당신의 시각이 바뀌고, 비전이 자라고, 인생이 변하는 마술 같은 힘을
드리겠습니다.

일주일에 하루씩, 이 말씀을 선포하십시오.

첫째 날, 나는 비전을 키우는 사람이다.

둘째 날, 나는 건강한 자아상을 일군다.

셋째 날, 나는 생각과 말의 힘을 발견한다.

넷째 날, 나는 과거의 망령에서 벗어날 것이다.

다섯째 날, 나는 역경을 통해 강점을 찾는다.

여섯째 날, 나는 베푸는 삶을 살 것이다.

일곱째 날, 나는 언제나 행복하기를 선택했다."

때가 이르리니 그들이 건전한 교리를 견디지 못하며 귀가 가려워 자기 욕심대로 자기를 위해 선생들을 쌓아 두고 또 진리로부터 귀를 돌이켜 꾸며낸 이야기들로 돌아서리라. _디모데후서 4:3-4

내가 여러 번 너희에게 말한 적이 있고 지금도 눈물을 흘리며 말하는 많은 사람들 곧 그들이 그리스도의 십자가의 원수로 걷느니라. 그들의 마지막은 파멸이요 그들의 하나님은 그들의 배요 그들의 영광은 그들의 수치스런 일에 있고 그들은 땅의 일들을 생각하느니라. _빌립보서 3:18-19

"일단 프리메이슨의 신비한 의식에 참여한 사람은

자신도 모르게 세뇌되어 참된 신은 '루시퍼^{Lucifer}'라고 믿게 된다.

프리메이슨의 입회 의식 후 탈퇴할 경우는 살해를 당하고,

프리메이슨이 아니고서는 사탄의 교회 일원이 될 수 없으며,

사탄의 교회 일원이 됨은 사탄과 영매로서 접촉이 일어나는 것을 의미한다."

_맨리 P. 홀 (Manly P. Hall, 프리메이슨 33도, 1990년 사망)

CHAPTER 8

신비주의의 원류,
장미십자회

장미십자회^{Rosicrucians}는 고대 종교와 카발라, 연금술과 기독 신앙 등을 혼합한 중세 유럽의 오컬트적인 비밀결사다. 장미십자회의 상징은 십자가 가운데 놓인 붉은 장미인데 십자가는 구세주의 지혜(구속과 부활)를 상징하고, 장미는 연금술에서 더러움을 정화시켜 완전으로 가는 작업을 의미한다. 이들은 장미십자가를 통한 명상으로 절대적 신성과 만나는 신비 체험을 할 수 있다고 믿는다.

1615년경 발간된 세 권의 소책자에 의하면 장미십자회의 창설자는 독일 귀족인 크리스티안 로젠크로이츠$^{Christian\ Rosenkreuz}$이다. 그는 이집트, 모로코, 다마스커스 등 근동을 다니며 현자와 관련 서적으로부터 과학, 마법, 카발라, 연금술 등을 숙달했고, 1407년 돌아와 세 명의 수도사들과 함께 장미십자회를 전수하기 시작했다. 그

장미십자회의 상징인 십자가와 장미   크리스티안 로젠크로이츠

는 네 명을 더 모아 1409년 '성령의 집$^{House of the Holy Spirit}$' 이란 은신
처를 마련했고, 마법과 연금술 등에 대한 비법을 가르쳤다. 회원들
은 피로써 비밀 엄수 맹세를 한 후 1년에 한 번씩 만나기로 하고 마
법 전파와 무료 치료를 위해 전 세계로 떠났다. 크리스티안은 독일
에서 활동하다 106세에 죽었는데 120년 후 성령의 집 지하에서 시
신이 온전한 상태로 발견되었다.

   인간은 영성을 추구해야 한다는 장미십자회 소책자의 메시지는
17세기 유럽에서 센세이션을 일으켰다. 비슷한 단체들이 많이 만들
어졌고, 장미와 십자가 상징이 유행했다. 이들 단체는 연금술, 카발
라, 신비주의와 기독교 신학을 결합시켰다. 영국의 경우 마이클 마
이어$^{Michael Maier}$(1568~1622)에 의해 비밀 지식이 전파되었는데 그는
연금술과 장미십자회의 사상을 결합시켰다. 미국에서는 1694년 장
미십자회가 창설되는데 그 기틀을 잡은 사람은 과학자이자 신학자
였던 요한 야콥 짐머만$^{Johann Jacob Zimmerman}$(1644~1693)이었다. 회원
들은 오컬트 비술을 가지고 치료사로 활동했고, 마법 지식과 오컬
티즘을 후대에 전수했다.

19세기엔 프리메이슨이 장미십자회의 사상을 흡수하게 되면서 장미십자회는 서구 오컬트의 기반으로 자리잡는다. 장미십자회의 두 번째 소책자에 의하면 '이 비밀결사의 궁극적인 목적은 개개인의 영화靈化, spiritualization이며, 이를 위해 유사 기독교적quasi-Christian인 모습을 띄고 비전秘傳, esoteric(비밀리에 전수됨)의 원리를 따른다.' 이다.

그들은 인간이 잠재적인 완전함의 씨를 가지고 있어 영적 연금술을 통해 초월적인 존재가 될 수 있다고 가르친다. 신지학자 루돌프 슈타이너Rudolf Steiner(1861~1925)는 신지학(신비주의에 관심을 기울이는 종교철학)의 세계관과 수행론을 정립함에 있어 장미십자의 방법에 기초한다고 밝힌 바 있다. 슈타이너가 간파한 장미십자의 사명은 태초의 영적 지혜를 근대 정신과 근대 영혼이 받아들일 수 있는 새로운 형식으로 표현하는 것이다.

뉴턴, 보일, 데카르트, 파스칼, 스피노자, 라이프니츠, 칼 융 등 근대의 석학들은 장미십자회의 연금술에서 영감을 얻었다. 특히 뉴턴은 과학자라고 보기 어려울 만큼 기이한 신비주의 흔적을 남기고 있다.

장미십자회의 교리는 영적 체험을 중시하는 신지학회의 창시자 마담 블라바츠키Blavatsky(1831~1891)에게도 영향을 주었다.

현재 미국에는 장미십자회에 기원을 둔 여러 오컬트 교단이 활동하고 있다. 가장 활발하게 활동 중인 장미십자회 계열의 단체는 AMORCAncient and Mystical Order Rosac Crucis로 캘리포니아의 산호세San Jose에 본부를 두고 25만 명의 회원을 보유한 국제조직이다. AMORC는 인류가 가진 잠재력과 영적 능력을 향상시키기 위해 장

AMORC의 본부(좌)
AMORC가 발행하는 계간지 〈Rosicrucian Digest〉 표지(우)

미십자회의 철학을 발전시키는 것을 목표로 한다. 이 교단은 지부 시스템lodge system으로 운영되며 회원 명단은 공개하지 않는다. 서신 왕래를 통해 조직 구성원들 사이에서만 은밀한 방식으로 비밀 지식을 전파하고 있다. AMORC 회원들은 12개의 마스터 단계를 거치게 되는데 10계급에서 12계급은 동양의 사원에서 영적인 방식으로 수련한다고 알려졌다. AMORC는 신지학에서처럼 완성에 이르려면 여러 차례의 환생을 거쳐야 한다고 믿는다.

1888년 새뮤엘 매더스Samuel Mathers(1854~1918)는 점성술, 카발라, 연금술, 타롯카드, 마법 의식 등을 행하는 '황금새벽회Hermetic Order of the Golden Dawn'를 창시했다. 프리메이슨인 매더스는 장미십자회의 상징과 마법을 차용했는데 장미 꽃잎 22개는 카발라 생명나무의 길 22개를 상징한다. 그는 영국 대영박물관에 소장된 《솔로몬의 열쇠The Key of Solomon》라는 고대 마법 필사본을 구해 번역하고 출판한다. 이 책은 이스라엘 솔로몬 왕이 실제로 지시하고 남긴 말이라면서, 영적인 존재를 불러내고 이를 지배하는 법과 영적 세계로부터 유래하는 문제에 대한 해결책 등을 제시하고 있다. 매더스는 생전에 《솔로몬의 작은 열쇠The Lesser Key of Solomon》(레메게톤)라는 다른 마법서를

람세스 복장을 한 매더스, 황금새벽회 상징, 알리스터 크로울리

완성시키지 못했지만 황금새벽회의 후계자 알리스터 크로울리^{Alister} Crowley(1875~1947)가 레메게톤을 완성시킨다. 이 책은 인간을 파멸시킬 72마귀(바알, 발람, 벨리알, 피닉스 등)와 각 방향과 천체를 담당하는 악령을 어떻게 소환할 수 있는지 알려준다.

비틀즈와 오지 오스본이 존경하는 크로울리는 프리메이슨 33도이자 일루미나티 회원이다. 크로울리는 '마법은 인간의 의지에 따라 원하는 변화를 일으키는 과학이자 예술이다.' 라고 주장했다. 그는 사탄 숭배자로 180여 건의 살인 제사의식에 참여했다고 인정했다. 1923년 노벨 문학상을 수상한 아일랜드의 시인 겸 극작가인 윌리엄 예이츠^{William Butler Yeats}(1865~1939)도 황금새벽회의 회원이었는데 그는 심령론心靈論 연구를 계속했고, 1917년에는 무녀巫女와 결혼했다.

Part. 3 _준비하라

눈앞에 다가온 위협

"2030년까지 인류는 완전히 노예화될 것이며, 최악의 경우 지배 엘리트를 제외한 인류의 학살이 일어날 수 있다."

_빌 조이, 2000년 (Bill Joy , 썬마이크로시스템즈의 설립자)

"나는 가장 불행한 사람이다. 나는 나도 모르게 내 조국을 망쳤다. 위대한 산업국가가 대출 시스템에 의해 조종당하게 되었다. 우리의 대출 시스템은 한 곳에 집중되었다. 국가의 성장과 우리의 활동은 소수 엘리트의 손아귀에 있다. 문명화된 세계 속에서 우리 정부는 완전히 조종당하고 지배당하고 있다. 정부에서 더 이상 자유로운 의견과 확신, 다수결의 원칙은 기대하기 어려워졌고, 소수 지배층의 의견과 압력만이 남게 되었다."

_우드로 윌슨 (Thomas Woodrow Wilson, 미국 제28대 대통령)

"2020년까지 단일세계정부가 완성될 것이다."

_레이 커즈웨일, 1999년 (Ray Kurzweil, 과학자 겸 발명가)

CHAPTER 1

신세계질서와
세계정부 수립

통제 불능의 상태를 통한
'세계정부' 탄생 시나리오

'신세계질서'는 일루미나티의 최종 목표인 인구 축소와 세계정부 수립을 위해 기획한 정치, 경제, 사회, 군사, 종교 체제라 할 수 있다. 세계정부 수립을 위해서는 먼저 각국을 통제 불능의 혼란 상태로 몰아넣어야 한다. 기상이변, 지진, 환경 오염, 자원 고갈, 전염병 확산, 식량 부족, 인플레이션, 경제공황, 위조지폐, 테러, 시위, 범죄, 폭동 등으로 사람들이 정신없을 때 정부는 대처 능력이 없기 때문에 이를 해결해준다는 일루미나티의 비상 체제를 비판 없이 수용할 수밖에 없다.

영화 〈2012〉 포스터

지구를 구하기 위해 '신세계질서'를 제안하는
브라운 영국 총리

　가장 충격적인 시나리오는 운석 충돌, 태양흑점 대폭발, 3차 세
계대전(핵전쟁), 대규모의 UFO 출현, 위성이나 하프를 통한 마인드
컨트롤 등이 있다. 이때 음모 세력은 정부에게 비상 사태를 선포해
개인의 자유와 권리를 억압하고, UN과 국제기구에 권력을 이양하
며, 새로운 통화와 경제 체제를 받아들이도록 압박한다. 최근 기상
이변이나 UFO 침공 등을 내용으로 하는 영화가 많이 나오는 것도
이러한 계획의 일환이다.

　조지 H. 부시 대통령과 클린턴 대통령, 고든 브라운 영국 총리와
키신저 전 국무장관을 비롯해 많은 유명 인사들이 그들의 이상으로
'신세계질서'를 언급했다. 히틀러도 1941년부터 자신의 세계 정복
야욕을 'Neuordnung Europas^{New Order of Europe}' 라고 칭했다.

　스코틀랜드파 최고위 33도 휘장에 적혀 있는 라틴어 'Ordo Ab

스코틀랜드파 최고위 33도 휘장   NATO(북대서양조약기구) 본부

Chao'는 영어로 'Order out of Chaos'인데 '혼돈을 통한 질서'란 뜻이다. 즉 극심한 혼란 상태에서 새로운 질서를 도출하겠다는 뜻이다. 신세계질서 아래서 통합된 사회는 첨단 기술을 이용한 극도의 감시 통제 사회로, 개인의 모든 자유와 권리와 재산은 독재자를 위해 몰수당한다. 중간 계급이 없어지고 오직 지배자와 그들의 노예가 될 피지배자만 남는다.

신세계질서를 지시하는 고위층은 국제 금융가, 석유 회사 경영자, 미국의 명문 가문, 유럽의 왕족 등이며, 결정을 내리는 곳은 주로 런던 시티, 스위스 바젤, 나토NATO 본부가 있는 벨기에 브뤼셀 등이다. 나토는 NWO의 군사도구이며, G20 정상회담은 NWO의 실행자이다. 2011년 1월 UN 무역개발회의는 달러가 기축통화인 현체제를 바꿔야 한다고 제안했다.

전쟁 방지를 목적으로 한 UN은 현대의 지구온난화나 금융 위기 같은 복잡한 문제를 해결하기 힘들어 강제력이 있는 세계정부 수립이 요청되고 있다. 단일세계정부가 세워지기 위해서는 국경과 관세가 철폐되고, 세계군대와 세계법정이 세워지며, RFID칩을 이용한 세계전자화폐가 통용되어야 한다.

반면에 신세계질서 음모에 가담하지 않은 케네디 대통령이나 맥도널드 의원 같은 정치인에게는 죽음이 기다리고 있다.

신세계질서의 싱크탱크 :
왕립국제문제연구소, 원탁회의, 로마클럽

유럽 정부를 뒤에서 조종하는 프리메이슨 싱크탱크^{Think Tank}인 RIIA^{Royal Institute for International Affairs}(왕립국제문제연구소)는 1920년에 런던에서 설립되었다. RIIA는 영국 여왕을 중심으로 세계 지배 체제를 구축하기 위한 조직이다. RIIA는 현재 '채텀 하우스'란 명칭으

채텀 하우스　　　　　세실 로스　　　　　존 러스킨

로마클럽 로고 　　　　　　원탁회의를 중심으로 한 프리메이슨 단체들

로 1,500명의 엘리트 회원을 보유하고 있으며, 국제 문제에 관한 보고서와 간행물을 발간하고 있다(www.chathamhouse.org.uk).

RIIA의 모체는 '원탁회의Round Table' 인데 이 원탁회의는 남아프리카에서 다이아몬드를 독점했던 세실 로스Cecil Rhodes(1853~1902)의 추종자들이 그의 유산과 로스차일드 가문의 지원으로 만들었다. 세실 로스는 옥스퍼드 대학교에서 백인 엘리트에 의한 세계 지배를 역설한 미술 교수 존 러스킨John Ruskin(1819~1900)의 영향을 받았다. 존 러스킨은 플라톤의 《국가Politeia》를 탐독했는데, 유능한 지혜자가 대중을 다스리는 귀족정치에서 감화를 받았다. 세실 로즈는 '도덕적 의무와 사회 개혁' 이라는 고상한 목적을 내세워 기존의 제국주의를 '세계정부 수립' 이라는 이상으로 발전시켰다.

'로마클럽The Club of Rome' 은 1968년 4월 록펠러재단의 후원 아래 이탈리아의 실업가 아우렐리오 페체이Aurelio Peccei(1900~1983)의 제창으로 지구의 자원 유한성이라는 문제 의식을 가진 유럽의 경영자, 과학자, 교육자 등 지식인들이 로마에 모여 회의를 가진 데서 붙여진 이름이다(www.clubofrome.org).

이후 로마클럽의 활동은 세계적으로 확산되어 자원 고갈, 환경 오염, 개발도상국의 인구 증가 등 인류의 위기에 대해 경고하고 있으며 고도 성장 시대인 1972년에 '성장의 한계'라는 보고서를 발표하면서 제로 성장의 실현을 주장해 주목 받았다. 인구, 자원, 환경 문제에 중점을 둔 로마클럽은 신세계질서의 기원이라 불리며, 여러 보고서를 통해 다음과 같은 주장을 계속 펼쳐왔다.

"지구는 하나의 암을 갖고 있다. 그 암은 바로 인간이다. 자연의 일부인 인간은 항상 환경에 영향을 끼쳤으며, 또 환경으로부터 영향을 받아왔다. 하지만 인간의 숫자가 비정상적으로 증가하고, 자연환경에 인간이 개입하여 그 복잡성이 증대함에 따라, 인간의 환경에 대한 간섭은 전혀 색다른 국면으로 접어들었다."

"각 개인은 자신이 세계사회의 일원이라는 사실을 깨닫고 세계 공동체 의식을 발달시켜야 한다. 각 개인의 의식 수준은 국가에서 전 지구적 레벨로 끌어올려져야 한다. 다가오는 자원 희소 시대에 적합하게 살아갈 수 있도록 삶의 방식을 조정해주는 새로운 윤리 의식을 배워야 한다. 개인은 소비와 낭비보다는 절약과 보존의 태도를 자랑으로 삼아야 한다."

"민주주의는 실패했다. 이제 새로운 통치 체제가 요구된다. 인류가 자신의 파괴적인 삶의 방식을 포기하고, 지구라는 가이아 유기체의 단순한 일부가 되어 본연의 자리로 되돌아가지 않는 한 인류는 필히 멸망할 것이다."

"지금이야말로 세계경제 시스템을 위한 마스터 플랜(종합 계획)을 그려야 할 때다. 이를 위해 우리는 유기적이고 지속가능한 성장, 한정된 지구 자원의 균형 할당에 기초한 세계 개발을 고려해야 한다. 지금으로부터 10년이나 20년 후엔 너무 늦다."

세계정부에 '미리' 내는 세금

2009년 12월 코펜하겐에서 열렸던 기후변화회의는 단순한 지구 환경보호 차원에서 열린 것이 아니다.

지구온난화 방지를 목적으로 전 세계 자원의 소비와 분배를 통제하기 위한, 단일세계정부One World Government의 출범을 위한 계획의 일환이다. 반기문 UN사무총장은 코펜하겐 회의의 말미에 〈L.A. 타임즈〉지와의 인터뷰에서 이렇게 발언했다.

코펜하겐 기후변화회의

"우리는 이 협약(선진국이 그동안 산업 생산을 통해 배출한 CO_2빚을 개발도상국에게 되갚아서 개도국의 녹색 성장을 위한 원조금을 지원한다는 실행 계획)의 실행을 감시하고 관리할 '세계적 통치 기구'를 설립할 것입니다."

"We will establish a 'Global Governance Structure' to monitor and manage the implementation of this."

코펜하겐 조약에 의하면 모든 국가에 GDP의 2퍼센트에 해당하는 '탄소세'를 부과하고, '세계적 통치 기구'가 국가 자치와 헌법을 대신한다. 이것은 '세계정부'와 '세계세금'을 의미한다. 이로써 세계정부가 각국의 자원과 생산을 통제한다.

세계법정의 시작 : 국제형사재판소

1997년 클린턴 미국 대통령이 UN에서 '세계법정'을 세울 것을 제안했고, 1998년 국제형사재판소International Criminal Court(www.icc-cpi.int)설립을 위한 회의가 로마에서 열렸다. 2002년 우리나라를 포

국제형사재판소(ICC) 로고와 건물

함해서 60개 국가가 ICC의 법령을 비준함으로써 네덜란드 헤이그에 위치한 ICC는 세계적인 사법권을 행사할 수 있게 되었다. ICC는 주로 대량 학살, 반인륜 범죄, 전쟁 범죄, 공격 범죄에 대해 다룬다.

2010년 111개 국가가 ICC에 가입했고, 미국과 러시아는 가입은 했지만 비준은 되지 않았다. 한국과 일본은 ICC에 비준까지 되었고, 2009년부터 ICC의 회장은 한국인 송상현이 맡고 있다.

2011년 5월 17일 국제형사재판소[ICC]의 수석 검사는 리비아 카다피 국가원수에 대해 체포영장을 청구했다. 카다피에게는 자국민을 사살하는 등 반 인류 범죄를 저지른 혐의가 적용됐다.

앞으로 국제형사재판소는 주로 신세계질서를 따르지 않는 독재자들을 처벌하는 데 이용될 것으로 보인다.

G-20의 실체 : 세계통치의 실험장

1974년 석유 파동에 대비하기 위해 만들어진 5개국(미국, 프랑스, 독일, 일본, 영국) 모임[Group]이 G-5였고, 후에 이탈리아와 캐나다가 합쳐져서 1976년 G-7이 되었다. 1997년 러시아가 포함

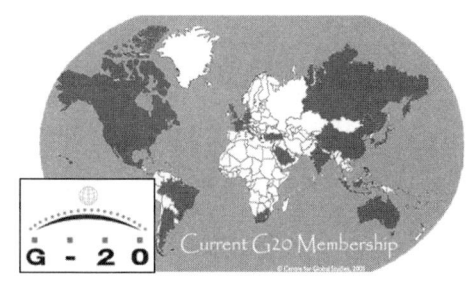

G-20 로고와 가입국

돼 G-8이 되었고, 1999년 9월 IMF 총회에서 EU 의장국과 신흥국

들(사우디아라비아, 호주, 인도, 터키, 남아공, 브라질, 아르헨티나, 멕시코, 한국, 중국, 인도네시아)을 포함시키기로 해서 G-20이 되었다.

전 세계 GDP의 90퍼센트를 차지하는 G-20에서는 경제 문제, 난민 문제, 세계화 등을 다룬다. 1999년 12월부터 열린 G-20 회의에는 회원국의 재무장관과 중앙은행 총재가 모였으나 2008년부터 정상급 회의로 격상되었고, IMF, 세계은행, 유럽중앙은행, UN 등이 참관인 자격으로 참석한다.

G20 공식 웹사이트(www.g20.org)의 소개 면에 가면 다음과 같은 말이 있다. "마침내, '세계 통치Global Governance'가 극적으로 개선되어 신흥개발국의 역할과 필요를 더욱 잘 고려할 수 있게 되었고, 특히 IMF와 세계은행의 지배권을 과감히 개선함으로써 이것이 가능했다." ▪

2009년 4월 2일부터 영국에서 있었던 G-20 회의에서 결의한 사항이 〈뉴 아메리칸〉지 4월 27일자에 다음과 같이 실렸다.

제목 : 세계 연합(Global Fusion)
내용 : G-20의 목표는 현재의 IMF를 지구준비은행으로 바꾸는 것이다.
이로써 UN 산하의 세계정부 태동이 과거 어느 때보다 더 가깝게 다

▪ 원문은 다음과 같다. (출처 : www.g20.org/about_what_is_g20.aspx)
Finally, global governance has dramatically improved to better take into consideration the role and the needs of emerging of developing countries, especially through the ambitious reforms of the governance of the IMF and the World Bank.

가오고 있다. 세계보호은행은 세상의 부실 은행들을 흡수한다. 그 방법으로, 세계의 모든 돈이 새 국제은행으로 흡수되지 않으면 전부 보이지 않고 사라지게 할 것이다.

유럽연합 : 세계통치를 알리는 신호탄

유럽연합^{EU}은 유럽의 정치 · 경제의 통합을 실현하기 위해 1993 년 11월 1일 발효된 마스트리히트 조약에 따라 유럽 12개국이 참가 하여 출범한 연합 기구다. 이후 2007년까지 동유럽 국가가 가입해 가맹국 수가 총 27개국으로 늘어났다.

북미에선 1992년 미국, 캐나다, 멕시코가 맺은 NAFTA^{North American Free Trade Agreements}(북미자유무역협정)의 영향으로 상품의 이동 은 자유롭지만 인적 이동은 제한되었는데, 2005년 조지 W. 부시 대 통령은 여권 없이 국경을 왕래하는 법안을 의회에 알리지 않고 몰 래 진행하다 CNN에 의해 보도되었다. 캐나다와 멕시코를 잇는 슈 퍼하이웨이와 3국 공통화폐인 '아메로' 까지 준비하니 북미가 EU처 럼 하나가 되는 것은 시간문제다.

중앙아메리카의 6개국도 CAFTA^{China-ASEAN Free Trade Agreement}(중국 아세안 자유무역협정)를 통해 연합하고 있다. 아시아에선 1996년부터 11개국 아시아 중앙은행 총재들이 매년 모여서 '동아시아 오세아니 아 중앙은행 임원회의' 란 이름으로 통화 통합을 위해 회의를 하고 있다. 모로코와 소말리아를 제외한 아프리카 53개국은 AU^{Africa Union}

연합 명칭	범위
유럽연합 EU	유럽27개국 (유로존 15개국)
북미자유무역협정 NAFTA	미국, 캐나다, 멕시코
아세안 ASEAN	동남아 10개국
남동유럽지역협의회 RCC	남동유럽 12개국
지중해연합 Union for the Mediterranean	유럽, 북아프리카, 중동 44개국
걸프협력기구 GCC	중동 6개국
남미공동시장 UNASUR	남미 7개국
남미국가연합 UNASUL	남미 12개국

세계블록화 현황

를 결성해 EU를 모델로 연합하고 있다. 이렇게 세계가 지역적으로 연합하면 개별 국가의 권한과 기능이 약화되어 장차 세계정부의 설립과 통치는 더욱 쉬워진다.

세계정부를 위해선 각국의 정치, 경제, 통화와 국경 등을 통합해야 하는데, 그 실험이 현재 EU를 통해 이루어지고 있다. 유럽연합에는 EU 의회와 EU 대통령이 있고, EU 내에선 수출입 상품에 대한 관세가 없으며, 유럽 중앙은행이 발행한 단일통화인 유로를 사용하고, 비자 없이 국경 이동도 자유롭다.

예수회 대학 출신이자 빌더버그 회원인 밴 롬푸이^{Van Rompuy}가 유럽연합의 대통령▪이 되었으며, 그는 다음과 같은 말을 남겼다.

▪ 2009년 12월 1일부터 2년 반 동안 EU 정상회의 상임의장

EU의 상징인 깃발과 짐승을 탄 여자　　　유럽연합의 첫 대통령인 밴 롬푸이

"2009년은 세계가 재정적 위기를 맞고 있는 가운데 G-20이 개최되었고, '세계 통치[Global Governance]'가 시작된 첫 해이기도 하다. 코펜하겐의 기후 회담은 우리가 살고 있는 지구의 경영을 향한 진보적 발걸음이다."

그의 이런 말은 신세계질서가 이미 조금씩 실현되고 있음을 밝힌 것이다. 성경의 예언과 비슷한 유럽연합의 '짐승을 탄 여자' 상징은 그리스 신화의 황소(제우스)를 탄 에우로페에서 유래한다.

이처럼 영 안에서 나를 광야로 데리고 가니라. 내가 보니 한 여자가 신성모독하는 이름들로 가득하고 일곱 머리와 열 뿔을 가진 주홍색 짐승 위에 탔더라. _요한계시록 17:3

신세계질서의 집행자 : 빌더버그, 삼극위원회

'빌더버그 회의Bilderberg Conference' 는 매년 미국과 유럽의 정치 지도자, 금융·기업계 경영자, 주요 언론사 관계자, 유럽 귀족 등 150여 명이 참석해 3일 동안 국제 문제에 대해 논의하는 비밀회의다.

빌더버그 회의에 참석한 헨리 키신저와 데이비드 록펠러

빌더버그 회의는 1954년 네덜란드의 베른하르트 왕자에 의해 설립되었는데 그는 과거 나치 친위대원SS 이었다. 모임의 명칭은 없었으나 네덜란드의 빌더버그 호텔에서 처음 모임을 가졌다고 하여 '빌더버그 회의' 라고 불리게 되었고, 회의 참석자를 빌더버거라고 한다.

빌더버그 회의의 본부는 네덜란드 레이든 대학교 내에 있지만 회의 장소는 매년 바뀌어 일주일 전에 참석자에게 통보된다. 정식 회원이 있는 것이 아니라 비밀 운영위원회가 참석자를 선별해 초청한다.

빌더버그 회합에 꾸준히 참석하는 데이비드 록펠러(체이스은행 소유, 삼극위원회, CFR, 300인 위원회)와 헨리 키신저(미국 前국무장관, CFR, 몰타기사단, 300인 위원회, 삼극위원회)와 로스차일드 가문의 사람이 빌더버그의 실질적인 운영자다. 빌더버그 회의는 삼극위원회와 함께 인구 축소와 세계화를 촉진해 세계정부 수립을 건설하는 것을 목표로 한다.

주요 언론사 관계자가 빌더버그 회의에 참석하는 이유는 앞으로 전개할 정책에 대해 언론을 통해 유리한 여론을 조성하기 위함이다. 빌더버그 회의는 세계 지도자들의 데뷔 무대가 되기도 한다. 1991년에는 빌 클린턴 당시 미국 민주당 대통령 후보가, 1993년에는 토니 블레어 영국 노동당 의원이 이 회의에 참가해 얼굴을 알렸다. 유럽 공동 화폐인 유로화의 사용과 닉슨 대통령의 대 중국 외교도 빌더버그 회의에서 결정된 내용이다.

앞으로의 계획은 북미 연합과 아시아 연합을 현실화 하는 것이며, 제3세계는 UN을 통해 통합한다. 미국과 유럽의 정부 요직에서 활동하고 있는 빌더버거들은 짜여진 계획에 맞춰 전쟁을 일으키기도 하고, 국제 정세의 불안과 갈등을 조성하며, 세계화 정책을 추진한다. 신자유주의 물결로 대변되는 FTA의 확산은 전 세계를 상호의존적인 경제 시스템으로 만들고 국가의 자급자족 능력을 없애기 위한 전략이다.

사람의 정신을 조종하여 전 인류를 통제하려는 계획은 빌더버그, CFR, 300인 위원회 회원인 즈비그뉴 브레진스키의 저서 《테크노트로닉 시대Technotronic Era》라는 책에 잘 설명되어 있다.

브레진스키는 이 책에서 모든 시민들을 끊임없이 통제해야 하며, 관습적인 자료에 덧붙여 개인의 건강과 행동까지 자세히 기록한 최신 자료철을 관리해야 한다고 주장했다. 자료철은 전문 기관에 의

즈비그뉴 브레진스키 전 국가안보보좌관   삼극위원회 로고

해 수시로 검색·수정될 것이며, 이렇게 되면 권력은 정보를 통제하는 사람의 손아귀에 놓이게 된다.

브레진스키가 언급한 '온갖 종류의 데이터'는 벨기에 브뤼셀의 NATO North Atlantic Treaty Organization(북대서양조약기구) 본부에 있는 거대한 컴퓨터에 저장되고 있다. 영국의 모렌스토에는 보다 거대한 제3의 정보수집기관이 있으며 미국의 국가안보국NSA이 관리하고 있다. 그는 300인 위원회가 위기관리를 명분으로 이 지구를 지배할 것이라고 했다. 브레진스키는 복제 기술로 인간처럼 보이고 행동하지만 영혼이 없는 존재 즉, 로보토이드Robotoid(인공합성생명체)의 출현을 예고하기도 했다.

삼극위원회The Trilateral Commission는 데이비드 록펠러와 브레진스키에 의해 1973년에 설립되었고, 세계 유력 정재계 인사 수백 명으로 구성되었다(www.trilateral.org). 삼극위원회의 공식적인 목적은 북미, 유럽, 아시아(일본에서 남한, 호주, 인도네시아, 필리핀, 태국, 중국 등으로 확대됨)의 경제 협력 증진이지만 숨은 목적은 세계정부 수립을 위한 경제 체제를 만드는 것이다. 그들은 세계 지배의 토대가 될 다국적 은행과 기업을 지원하고, 전 세계 경제를 통합한다. 이를 통해 각국의 정부를 압도할 세계적인 경제 권력을 창출한다.

카터, 체니, 부시, 클린턴, 고어, 키신저 등 삼극위원회 출신 인사가 정계에 진출해 삼극위원회의 정책을 추진했기 때문에 삼극위원회는 '그림자 정부'로 불렸다. 한승주 전 주미대사가 삼극위원회 아시아 지역 부회장을 맡고 있다.

이상으로 살펴본 여러 단체 외에 세계정부수립을 위해 협력하는 프리메이슨 세력들이 많이 있다. 이에 관해서는 저자의 홈페이지 (www.aspire7.net/dark.html)에 자세히 소개하고 있으니 참고하기 바란다.

"궁극적인 목표는 전 세계의 모든 사람에게 RFID 칩을 심고,

돈과 모든 것들을 칩으로 집어넣는 것이지.

그리고 누군가 우리의 일을 반대하거나 원하는 일을 방해하면

그자의 칩을 꺼버리면 되는 거야."

_니콜라스 록펠러 (Nicholas Rockfeller, 데이비드 록펠러의 조카, CFR 회원)

CHAPTER 2

짐승의 표, 베리칩

베리칩으로 가는 중간 단계 : 리얼 아이디

미국에서 신분증 역할을 하는 것에는 사회 보장 카드^{Social Security} ^{Card}와 운전 면허증이 있다. 그러나 불법 체류자들이나 테러리스트들에 의한 부정 발급이나 위조가 많아지자 미국 정부는 전자 태그^{RFID : Radio Frequency Identification}을 넣은 새로운 신분증인 '리얼 아이디'를 기획하고 있다. 리얼 아이디의 목적은 표면상으로는 국민과 재산을 보호하는 것으로 되어 있지만 궁극적으로는 감시와 통제를 강화하고 몸속에 생체칩을 넣기 위한 수순이다.

이 카드 안에는 이름, 직업, 출생일과 장소, 운전 면허증 번호, 사회 보장 번호, 거래 은행, 재산 등 그 사람과 관계된 거의 모든 개인

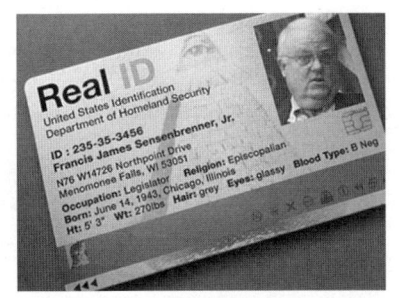

Real ID카드 샘플

정보가 수록되어 있다. 국토안보부는 2014년까지 50세 미만 미국인에게 리얼 아이디를 발급할 계획을 갖고 있다. 그리고 앞으로 이 신분증이 없는 사람은 정부 기관에 들어가거나 비행기도 탑승할 수 없다. 현재 발행되는 미국 여권에도 RFID가 심어져 있다.

미국 의료보험 개혁 법안의 의미 :
2013년부터 생체칩을 '모든' 국민이 받도록 강제한다

미국의 오바마 대통령이 지난 2010년 3월 23일 서명한 의료보험 개혁 법안에 따라 의료보험이 없던 3,200만 명에게 정부 보조를 통해 의료보험 가입 기회가 주어지게 되었다.

이번 의료보험법 개혁은 전 국민 의료보험제도의 도입이 논의되기 시작한 지 거의 100년 만에 이뤄진 개혁이었다. 미국에서는 보험에 가입하지 않은 사람이 병원을 이용하려면 그 비용이 상당히 비싸다. 하지만 공화당 의원 전원이 이 법안에 반대한 이유는 보험 가입이 의무화되는 것은 헌법 정신에 어긋난다는 것이다. 이제 의료보험(국가, 직장, 시설 포함)에 가입하지 않으면 국세청IRS의 조사를 받고, 2014년부터 95달러, 2016년부터는 695달러의 벌금이 부과

백악관 이스트룸에서 오바마 대통령이 의료보험 개혁 법안에 서명하고 있는 모습

된다.

이번에 의료개혁 원법안인 HR 3200은 의회에서 통과되지 못하고, 수정된 HR 3590와 HR 4872가 통과되었다. 2010년 3월 30일 통과된 HR 4872를 살펴보면 놀랍게도 1,014쪽 16째 줄에 '신체에 삽입하는 2종 기구a class Ⅱ device that is implantable'에 대해 이야기하고 있는데 FDA(식품의학안전청)가 승인한 이식 가능한 생체칩은 현재 '베리칩' 밖에 없다.

또한 2004년 FDA에서 승인 받은 베리칩은 전매특허이기 때문에 다른 회사는 유사 생체칩을 만들 수 없다. FDA가 이것을 승인한 이유는 '개인별 인증·안전에 대한 제품은 식품이나 의약품·의료기기의 규제대상이 아니다.'라는 판단 때문이었다. 칩이 인간 몸속에

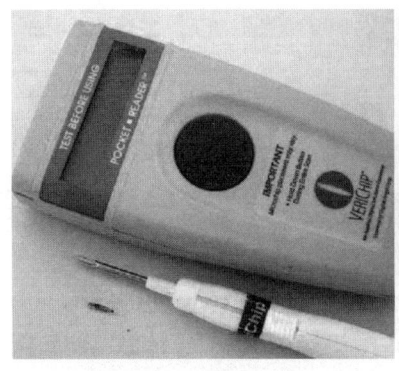
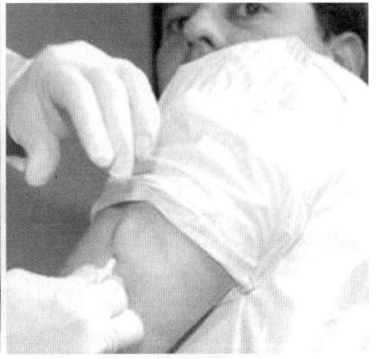

베리칩 주사기와 스캐너　　　　　　베리칩을 팔에 이식하는 장면

이식될 경우 건강에 유해하다는 사실을 간과한 것이다. FDA는 베리칩에 대한 정의를 이렇게 내리고 있다.

- 베리칩은 환자의 팔에 이식하는 implantable, ID 번호가 있는 RFID 마이크로칩이다.
- 베리칩은 피하조직에 이식하는 implantable, 초소형의 마이크로칩이다.
- 베리칩은 일반 칭함으로 2종 기구 class ll device 에 속한다.

법적으로 2013년 3월까지 생체칩 이식을 시행해야 하고, 미국 NBC 뉴스는 '2017년까지 우리 모두 몸에 칩을 이식하게 될 것'이라고 예상했다. 관련 법에 의하면 베리칩으로 병원비를 계산할 수도 있고, 감시 장비로 활용될 수도 있다. 빈곤층은 본인 의사에 상관없이 자동으로 의료보조제도에 가입된다. 병원에서 베리칩을 사용할 수 있도록 병원마다 EMR Electronic Medical Records (전자의무기록시스템)을 구축해야 하는데 2012년부터 정부가 예산 190억 달러를 책정하여 개업의사 한 명당 44,000달러를 지원한다.

베리칩의 개발 과정과 제품군

'베리칩^{Verichip}' 이란 'Verification' (확인, 증명)과 'Chip' (반도체 조각)을 합쳐 놓은 말로, 신분증 역할을 위해 사람 몸속에 넣는 무선 식별^{RFID} 장치를 말한다. 쌀알 만한 크기의 베리칩 안에는 메모리, 안테나, 축전지가 들어 있는데, 축전지는 체온에 의해 충전되기 때문에 외부에서 전원을 공급받지 않아도 되며, 메모리에는 16자리 고유 번호가 들어 있어 사람마다 다른 ID를 제공한다.

미국 사회 보장 카드 숫자는 9자리인데 베리칩 ID를 16자리로 만든 이유는 장차 70억의 세계인을 상대로 이식해야 되기 때문이다.

1990년대 후반에 미국에서 잃어버린 애완동물을 찾기 위해 동물 피부속에 칩을 넣기 시작했다가 2001년에는 환자를 식별하기 위한 목적으로 만들어 사람에게 이식했다.

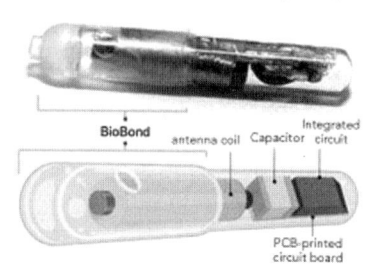

베리칩의 구조

DigitalAngel(www.digitalangel.com)사 로고

PositiveID사(www.positiveidcorp.com) 로고

2004년 멕시코 법무부 직원 160명이 보안과 신원 확인을 목적으로 베리칩을 삽입했다.

'베리칩'은 원래 'Applied Digital Solutions[ADS]' 사가 2001년도에 개발하고 그 이름을 베리칩이라 한 후 동일한 이름의 유통 회사를 만들어 보급했다. 당시 유통 회사 '베리칩'은 2004년 FDA로부터 판매 승인을 받았는데, 당시는 12밀리미터×2.1밀리미터 크기로 마이크로칩이라 불렀다. 2005년 ADS사는 '디지털앤젤[Digital Angel]' 사로 이름을 바꾸고, '베리칩' 사를 자회사로 등록시켰다. '디지털엔젤' 사는 현재 기존의 베리칩에 위치추적시스템[GPS]을 결합한 이식용 엔젤칩을 보안용으로 판매하고 있다.

'베리칩' 사는 사람 몸에 이식해 혈당을 실시간으로 측정할 수 있는 바이오센서 시스템을 개발하여 2006년에 미국 특허를 받았으며, 최근 '헬스링크' 란 이름으로 온라인 건강 기록에 연결할 이식용 마이크로칩 판매에 들어갔다.

'베리칩' 사는 2009년 신용 보안과 신분 정보, 도난 방지 기술이 있는 '스틸 볼트[Steel Vault]' (IBM 계열사)와 합병하여 회사 이름을 '포지티브ID[PositiveID]' 로 바꿨다. 이로써 베리칩은 건강 기록뿐만 아니라 신분증 역할도 하게 되었다. 마지막으로 베리칩이 신용 정보에 연

결되면 물건을 매매할
수도 있을 것이다. '포
지티브ID'의 경영자
스캇 실버만도 베리칩
의 영역이 확대될 것을
방송에서 시인했다.

'베리메드'와 '베리가드' 로고

2006년 '베리칩' 사
의 발표에 따르면 건강 정보에 사용되는 것은 '베리메드^{VeriMed}' 라 부르고, 보안용으로 사용되는 것은 '베리가드^{VeriGuard}' 라 하며, 추적용으로 사용되는 것은 '베리트레이스^{VeriTrace}' 라 칭한다. 뉴저지 주에 있는 '호라이즌 블루 크로스 블루 쉴드^{Horizon Blue Cross Blue Shield}' 라는 보험 회사는 320만 명의 보험 가입자들 중에서 만성질환자부터 해컨색^{Hackensack} 대학 병원에 보내 '베리메드'를 넣도록 잠정 계약을 맺었다. 2007년 '베리칩' 사는 200명의 치매 환자에게 시범적으로 '베리메드'를 넣기로 했다고 발표했다. 또한 400여 명의 미국 연방정부 공무원들이 추적 훈련 프로그램을 시험하고 있는데 이를 위해 베리트레이스가 활용되고 있다.

우리나라도 애완동물들의 관리를 위해 마이크로칩 부착을 의무화하는 법률이 2006년에 통

마이크로칩 데이타뱅크는 믿을 수 있고
시술이 간편하고
매우 효과적이고, 안정성있고,
청결하고
다양한 동물들에도 적용가능합니다.

애완견용 마이크로칩 홍보 사진
(칩 길이 8mm, 지름1mm)

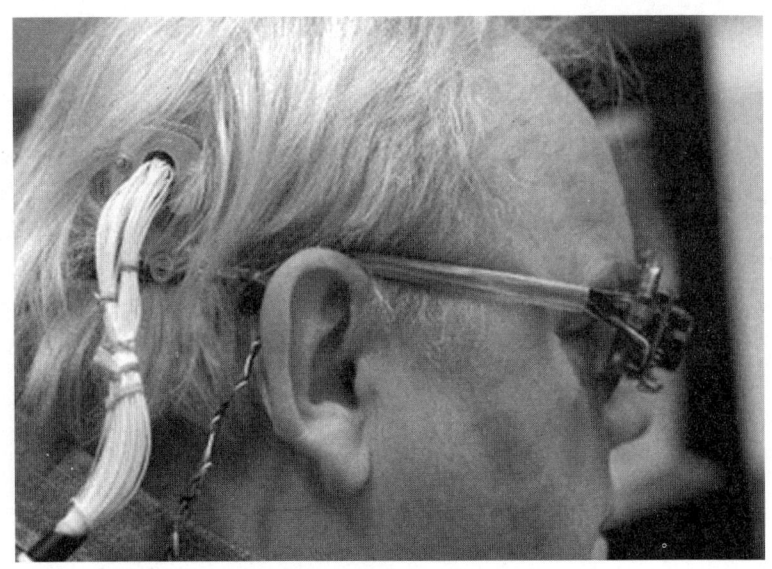

UCLA과학자들이 기억 이식을 시험하고 있는 모습

과되어 2008년부터 지자체 별로 시행하고 있다. 애완견에 마이크로 칩을 삽입하면 칩의 데이터 뱅크에 서식 정보와 동물과 보호자의 정보가 저장된다. 심겨진 마이크로칩은 수의사나 동물보호협회 관계자들에 의해 리더로 읽히고, 번호를 인식한 후 데이터 뱅크로 전화 또는 온라인 접속하면 신원이 확인되어 보호자와 연락이 된다.

멕시코는 아이들 유괴가 빈번한데 2003년 한 해에만 15만 명에 달했다. 그래서 정부가 직접 나서서 베리칩을 아이들의 팔이나 손가락 사이에 이식하도록 권장하고 있다.

2007년 7월 30일, 미 국방성에서 병사들의 건강 정보를 모니터한다는 목적으로 군인들의 머리에 마이크로칩을 심어 컴퓨터에 연결한다는 계획을 발표했다. 국방성은 이미 160만 달러를 주고 클램슨 대학교^{Clemson University}의 생체공학부의 생체칩 센터에 이식용 '생체칩^{biochip}' 개발을 맡겼다. 연구자들은 그 생체칩이 인간 시험으로 이루어지기까지 5년 정도 걸릴 것으로 보고 있다.

베리칩은 짐승의 표!

손에 심을 수 있는 '포지티브ID' 사의 베리칩은 앞으로 신용카드 기능도 추가되므로 성경에 나오는 오른손이나 이마에 받아 매매에 사용될 '666 짐승의 표'가 될 가능성이 크다.[■] 계시록 16장 2절의 '짐승의 표^{the mark of the beast}'에서 표^{mark}의 원문인 그리스어 '*Charagma*'는 '긁다^{scratch}' '새기다^{etching}'란 뜻이 있어 상처를 내고 삽입하는 베리칩을 연상시킨다.

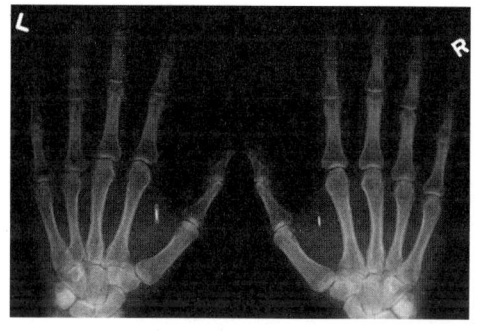

베리칩이 삽입된 손을 엑스레이로 찍은 사진

■ 짐승(적그리스도)의 숫자인 666은 알파벳에 6의 배수를 대입해 A=6, B=12와 같은 식으로 계산해 보면 몇 가지를 유추해 볼 수 있다. 'Mark of Beast'(짐승의 표)는 6을 단위로 더하면 78+6+108+66+90+36+12+30+6+114+120=666이다. 'Bio Implant'(생체 이식)도 6을 단위로 더하면 12+54+90+54+78+96+72+6+84+120=666이다. 'Digital ID Chip'과 'RFID Scanner'도 666이다. 사람 이름으론 'Kissinger'(키신저)가 666이고, 지명으론 'New York'이 666이다. "666 계산기"에 관해서는 다음을 참고해보자. antichristcalculator.tripod.com

또한 요한계시록 13장 16절의 흠정역 버전에서는 "in their right hand, or in their foreheads"라고 함으로써 on 대신 in을 써서 손이나 이마 '안'에 표를 받는다고 분명히 명시하고 있다. 이로써 베리칩이 몸속에 삽입될 것임을 암시한다.

그가 모든 자 곧 작은 자나 큰 자나 부유한 자나 가난한 자나 자유로운 자나 매인 자에게 그들의 오른손 안에나 이마 안에 표를 받게 하고. _계 13:16

데이비드 록펠러의 조카이자 CFR 회원인 니콜라스 록펠러는 9·11 테러와 이로 인한 아프가니스탄 전쟁과 이라크 전쟁에 대해 미리 알고 영화 제작자인 아론 루소Aron Russo(1943~2007)에게 사건 몇 달 전에 귀띔해준 바 있다.

록펠러는 '어떤 사건'(9·11 테러)이 일어난 후 미군이 아프가니스탄 산 속 '동굴의 사람'(빈 라덴)을 찾아다닐 것이라고 '예견' 했다. 적이 없는 테러와의 전쟁은 사람의 자유를 구속하기 위함인데 이

가짜 전쟁은 미디어의 반복된 거짓말을 통해 사람들이 진짜로 믿게 할 수 있다. 아론 루소가 왜 이런 일을 하냐고 따지자 록펠러는 모든 음모의 최종 목적을 다음과 같이 이야기했다.

아론 루소(왼쪽)와 니콜라스 록펠러

조 바이든 상원 의원

"그가 이렇게 말하더군요, '궁극적인 목표는 전 세계의 모든 사람에게 RFID 칩을 심고, 돈과 모든 것들을 칩으로 집어넣는 것이지. 그리고 누군가 우리의 일을 반대하거나 우리가 원하는 일을 방해하면 그 자의 칩을 꺼 버리면 되는 거야.' 라고." ▪

2005년 9월, 미국의 조 바이든Joe Biden 상원 의원(제44대 미국 부통

▪ 원문은 다음과 같다.
He said, "The ultimate goal is to get everybody in this world chipped with an RFID chip, and have all money be on those chips and everything on those chips. And if anybody wants to protest what we do or violate what we want, we just turn off their chip." (http://youtu.be/7nD7dbkkBIA)

령, 2009년~)은 인준 청문회에서 대법관이 될 존 로버츠^{John Roberts}에게 다음과 같이 공개적으로 말했다.

"마이크로칩을 사람들 몸에 이식하여 모든 행동을 감시하는 것이 가능합니까? 이에 관해 실제적인 토의가 진행되고 있습니다. 당신이 그 일을 결정해야 합니다. 제 말을 명심하십시오. 당신의 임기가 끝나기 전에 그것을 결정해야 합니다.

어떤 사람의 범죄 성향이나 과격한 행동 성향을 알아내기 위해 뇌를 스캔하는 일은 또 어떤가요? 이 역시 마찬가지로 당신이 결정하게 될 것입니다." ▪

단일세계정부가 세워졌을 때 베리칩은 국민에 대한 감시와 통제 수단이 될 것이므로 거부하는 사람은 FEMA 수용소에 갇히거나 제거될 수밖에 없다. 베리칩을 받으면 적그리스도가 통치하는 3년 반 동안은 목숨을 유지할 수 있으나 말세 재앙 때 독한 헌데가 나며 마지막 심판 후 영원한 불지옥에서 형벌을 받게 된다. ▪▪

이를 피할 길은 열심히 신앙을 지키며 그리스도의 신부로 살다가

▪ 원문은 다음과 같다.

"Can a microscopic tag be implanted in a person's body to track his every movement? There's actual discussion about that. You will rule on that -- mark my words -- before your tenure is over. Can brain scans be used to determine whether a person's inclined toward criminality or violent behavior? You will rule on that."(http://youtu.be/osZbsC1t87A)

대환난 전에 휴거되거나, 본격적인 환난이 시작됐을 때 산 속에 3년 반 동안 숨어 살거나, 혹은 표를 받지 않아 목 베임으로 순교하는 수밖에 없다.

■■ '짐승의 표' 관련 성경구절

또 그가 그 짐승의 형상에게 생명을 줄 권능을 소유하여 그 짐승의 형상이 말도 하게 하고 그 짐승의 형상에게 경배하려 하지 아니하는 자들은 다 죽이게 하더라. 그가 모든 자 곧 작은 자나 큰 자나 부유한 자나 가난한 자나 자유로운 자나 매인 자에게 그들의 오른손 안에나 이마 안에 표를 받게 하고 그 표나 그 짐승의 이름이나 그의 이름의 숫자를 가진 자 외에는 아무도 사거나 팔지 못하게 하더라. 여기에 지혜가 있으니 지각이 있는 자는 그 짐승의 수를 세어 볼지니라. 그것은 어떤 사람의 수요, 그의 수는 육백육십육이니라. _요한계시록 13:15-18

셋째 천사가 그들을 뒤따르며 큰 음성으로 이르되, 만일 누구든지 그 짐승과 그의 형상에게 경배하고 자기 이마 안에나 손 안에 그의 표를 받으면 그 사람은 하나님의 진노의 포도즙 곧 그분의 격노의 잔에 섞인 것이 없이 부은 포도즙을 마시리라. 그가 거룩한 천사들 앞과 어린양 앞에서 불과 유황으로 고통을 받으리니 그들의 고통의 연기가 영원무궁토록 올라가리로다. 짐승과 그의 형상에게 경배하는 자들과 그의 이름의 표를 받는 자는 누구든지 밤이나 낮이나 안식을 얻지 못하리라. _요한계시록 14:9-11

첫째 천사가 가서 자기 병을 땅에 쏟아 부으매 짐승의 표를 가진 사람들과 그의 형상에게 경배한 자들에게 악취가 나며 몹시 아픈 헌데가 생기더라. _요한계시록 16:2

또 내가 보니 왕좌들과 그것들 위에 앉은 자들이 있는데 그들에게 심판이 맡겨졌더라. 또 내가 보니 예수님의 증언과 하나님의 말씀으로 인하여 목 베인 자들의 혼들이 있는데 그들은 짐승과 그의 형상에게 경배하지도 아니하고 자기들의 이마 위에나 손 안에 짐승의 표를 받지도 아니한 자들이더라. 그들이 살아서 그리스도와 함께 천 년 동안 통치하되 _요한계시록 20:4

"마인드컨트롤의 존재는 부인할 수 없습니다.

MK-울트라 마인드컨트롤의 희생자였던 나는 내 의지와 생각을 잃어야 했습니다.

나는 생각할 수도, 의문을 품을 수도, 판단할 수도, 이해할 수도 없었습니다.

단지 내게 강요되는 것만을 할 수 있었습니다.

나의 정신과 행동을 조종했던 자들은 스스로를 '외계인' '악마' 그리고

'신' 이라고 불렀습니다.

그러나 잔인한 방법과 계획으로 단일세계정부를 이루려는 이 배신자들은

결국 인간일 뿐이었습니다."

_캐시 오브라이언, (Cathy O´Brien, 《뜨거운 역사, 추악한 진실》의 저자, MK-울트라 마인드컨트의 피해자)

CHAPTER 3

마인드 컨트롤 노예

노예로 길러진 사람들

《뜨거운 역사, 추악한 진실*Trance Formation of America*》의 저자 캐시 오브라이언^{Cathy O' Brien}은 1957년 미시간 주에서 출생했다. 성도착자인 아버지와 친척들로부터 어렸을 때부터 성 학대를 받으며 자란 캐시는 다중 인격 장애를 갖게 되었고, 끝내 국방성의 마인드 컨트롤 연구에 이용되었다.

아버지의 강요로 캐시는 포르노 촬영과 고위 정치인과 매춘을 했다. 캐시는 13세에 로버트 버드 상원 의원으로부터 성 학대를 받으며 고통 속에서 자유의지를 잃어갔으며 CIA에 의해 감시당하는 가톨릭 센트럴 고등학교로 보내져 사탄 숭배 의식과 주임 신부

캐시 오브라이언과 마크 필립스

로부터의 성폭행을 경험한다. 그녀는 또 주 군대 본부로 보내져 기다리고 있던 제럴드 포드^{Gerald Ford} 대통령에게 성폭행을 당하고 그 기억을 지우기 위해 머리에 전기 충격을 받는다. 그날 이후로 캐시는 누구도 자신을 도와주지 않는다는 사실을 받아들이게 된다.

캐시는 항공우주국^{NASA}이나 군사 기지에서 모나크 프로젝트*에 따른 마인드 컨트롤 훈련을 받았다. 전기 충격으로 고통이 가해지고, 최면이나 고주파로 기억과 인격이 분리되면 무의식 상태가 되어 자유의지와 사고 능력을 잃게 되며, 명령받은 일을 의문 없이 수행하게 된다.

캐시는 포드 대통령의 백악관 비서실장이었던 딕 체니를 위해 와이오밍에 보내졌으며 인간사냥 게임에 투입돼 딕 체니에게 전기 고문과 성폭행을 당한다.

19살이 된 1977년 캐시는 CIA(중앙정보국)와 DIA(국방정보국)의 모나크 프로젝트 소속 노예가 되어 '자유의 작전'에 투입되었다. 그녀

■ *Monach Project, 정신을 해리(의식, 기억, 정체감, 지각 등의 붕괴)시키는 잔혹한 충격기반 마인드 컨트롤

의 주인은 로버트 버드 상원 의원이었고, 그의 지시대로 결혼한 컨트리 가수 웨인 콕스는 마인드 컨트롤의 조종자handler였다. 콕스는 오컬트 인신 제사를 위해 연쇄살인을 저지르고, 마약 거래를 했지만 정부의 보호를 받았다. 버드 의원의 명령으로 콕스와 이혼한 캐시는 역시, 상부의 지시대로 최면술사이자 CIA 비밀 요원인 알렉스 휴스턴과 결혼한다. 캐시는 CIA의 마약 운반에 투입되었고, 백악관과 국방성에서 매춘을 하였다.

1982년에 캐시는 처음으로 로널드 레이건 대통령과 대면하게 된다. 레이건은 캐시에게 '당신이 찍은 포르노는 전부 다 보았다. CIA가 은밀히 버는 돈들은 아프가니스탄과 니카라과의 비밀 활동에 쓰여지고, 당신은 그걸 돕고 있다.'라고 말했다고 한다. 레이건은 불법 작전의 자금 마련을 위해 재임 기간 중 포르노 제작과 유통에 신경을 썼으며, 그 중에서도 수간 포르노를 가장 좋아했다고 한다. 클린턴은 아칸소 주에서 마약 작전을 수행하고 있었는데 코카인 중독자이자 양성애자이고, 신세계질서를 위해 민주당의 가면 아래 키워진 인물이라는 것을 알게 된다.

당시 부통령이었던 조지 H. 부시는 유아 변태 성욕자로서 캐시의 4살짜리 딸인 켈리를 만날 때마다 성폭행하는 만행을 저지른다. 캐시는 프리메이슨의 휴양지인 보헤미안 그로브에 가서 사탄 숭배 인신 제사를 목격하고, 인구 과잉 때문에 마인드 컨트롤만으로는 원하는 것을 얻을 수 없으며 선택된 열등 종자의 대학살이 해결책이란 말을 듣는다.

30살이 되던 해, 죽임을 당하기 직전 캐시는 마크 필립스Mark

일루미나티 마인드 컨트롤 노예

Phillips에 의해 가까스로 구조되었고, 재활을 위해 알래스카에 머물면서 자신의 끔찍했던 삶을 어렵게 기억해 글로 적었다.

공동 저자인 마크 필립스는 1943년 테네시 주에서 출생했는데 4살 때 어머니와 함께 말을 타다 낙마해 어머니는 뇌손상을 입고 본인도 말더듬이가 되었다. 이런 이유로 마크는 뇌의 작용에 대해 관심을 갖게 되었고, 대학에서 심리학과 연설학을 배웠다.

그는 베트남전 때 군 면제를 받은 대신 정부의 연구 기관에서 일하게 되면서 마인드 컨트롤의 세계에 눈을 떴다. 그곳에서 마크는 마인드 컨트롤 극비 연구 자료를 바탕으로 깊이 있는 지식을 쌓았고, 이를 바탕으로 CIA 요원으로도 잠시 활동했다. 이후 그는 세일즈에서 남다른 실력을 발휘하다가 회사를 그만 두면서 알렉스 휴스턴과 동업을 하기 시작하였다.

그러나 동업자 알렉스 휴스턴이 CIA, 마약, 돈세탁, 아동 매춘, 노예업과 연관되어 있고, 그의 아내 캐시 오브라이언은 권력층의 마인드 컨트롤 성 노예라는 사실을 알게 되었다. 마크는 우여곡절 끝에 캐시와 그녀의 딸 켈리를 구해내 알래스카로 데려가 재활에 힘썼다.

캐시는 기억을 되살릴 때마다 트랜스Trance(다중 인격에 빠져드는 몰입 상태)에 빠져 곤란을 겪었다. 성 학대를 받았던 딸 켈리도 다중 인격 장애(해리성 정체장애)로 병원치료를 받았다. 현재 마크는 진실을 알리기 위해 캐시와 함께 강연회, 라디오, 토론회 등에 참여하고, 해외에서도 강연 활동을 하고 있다.

여러 가지 마인드 컨트롤 방법들

마인드 컨트롤은 일루미나티가 단일세계정부를 세우기 위해 개발한 인간의 정신과 행동 통제 기술이다. 이 기술은 현재 일루미나티의 마약 운반, 매춘, 포르노 촬영, 대중음악, 암살, 변태 성행위 등에 사용할 노예를 만드는 데도 적용되고 있다.

그들이 사용하는 구체적인 기술을 살펴보면, 앞에서 말한 모나크 프로젝트 외에 마인드 컨트롤 프로그래밍 동안 트라우마Trauma(정신적 외상)를 통한 정신 해리를 일으키고, 노예가 임무를 완수하고 난 후에 기억을 삭제하는 데에도 활용되는 전기 충격이 있다.

MK-울트라MK-Ultra는 원래 독일 나치 빌헬름 연구소에서 마인드 컨트롤 노예를 만들기 위해 만든 기술인데 미국 CIA가 나치 과학자들과 연구를 계속해 1966년에 작전 명을 MK-울트라로 했다. 이는 다중인격 환자의 뛰어난 기억력과 뛰어난 망각 능력을 이용하여 프로그래밍한다.

다중 인격 장애란 끔찍한 기억을 뇌에서 분리시켜 뇌의 나머지 부분으로 정상 생활을 하다가 비슷한 상황이 닥치면 다시 기억이 살아나 거기에 반응하는 것이다. 이를 역이용하면 한 사람에게 여러 인격을 심어 놓고 상황에 따라 필요한 인격을 불러올 수 있다.

마인드 컨트롤 대상 아이들에게는 〈오즈의 마법사〉〈신데렐라〉〈피노키오〉와 같은 디즈니 만화영화를 보여주며 현실을 왜곡하고 환상을 현실로 믿게 한다. 디즈니는 CIA와 MK-울트라 프로젝트를 함께 진행했는데 주로 디즈니랜드에서 발생한 미아들과 연예인 지망생들을 이용한다.

미국은 제2차 세계대전 시절부터 적군 포로로부터 기밀을 자백받기 위해 OSS^{Office of Strategic Services}(전략정보국, CIA의 전신)를 통해 스코폴라민, 모르핀, 메스칼린, 벤제드린, 마리화나 등의 약물을 사용했다. 이 중 스코폴라민은 '페요테 선인장'에서 추출한 것으로 심령술사들이 무아지경에 빠지는 데 이용된 식물이다.

맥각균에서 합성한 환각제인 LSD^{Lysergic acid diethylamide}는 1943년 스위스 산도스 제약 회사의 알버트 호프만^{Albert Hofmann}(1906~2008)이

알버트 호프만　　　　　　　　페요테 선인장

만들어 나치 SS나 게슈타포에 의해 포로 심문용으로 사용되었다.

LSD는 정신적 이상을 일으키고 감각을 왜곡시키는데, 환각은 복용 30분 후부터 10시간까지 지속된다. 환각 상태에 빠지면 즐거운 상상으로 기분이 좋아질 수도 있으나 대개는 몸이 조각나는 공포감, 두려움, 불안 등을 느끼게 된다.

남용하면 뇌와 염색체에 손상을 일으키며 눈동자가 풀리고 얼굴이 창백해지며 심박동이 빨라지고 수전증이나 오한 등을 일으킨다. 1960년대엔 미국 엘리 릴리^{Eli Lily} 제약 회사가 LSD를 합성해 미군과 CIA에 공급하였다. 조지 H. 부시는 엘리 릴리 제약 회사의 대주주였는데 후에 CIA 국장과 대통령이 되었다.

CIA의 LSD 실험은 미국 내 여러 정신병원, 대학, 연구소, 교도소 등에서 이루어졌다. 심지어 1953년에는 L.A.의 전 시민에게 LSD를 투여하려고 수돗물에 LSD를 첨가했지만 염소에 중화돼 실패했다. 록펠러 병원의 정신과 과장 도널드 캐머론^{Donald Cameron}은 환자에게 약물치료뿐만 아니라 전기 충격 치료도 병행해 새로운 인격을 만들 수 있는지를 시험했다. 1979년 퇴원 환자 9명이 심각한 부작용으로 CIA를 고소하면서 비인간적인 실험이 세상에 알려졌다.

생각만으로도 모든 사물을 통제할 수 있다

사람의 생각을 읽을 수 있는 '두뇌 칩^{brain chip}'이 최초로 미국의 한 신경마비 남자에게 장착되어 생각을 읽을 수 있게 되었다고

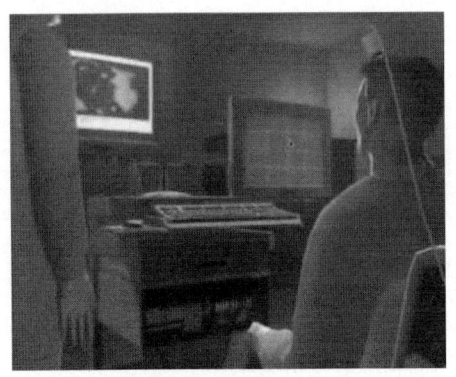

뇌의 신호를 컴퓨터로 보내 해석한 후,
커서를 생각으로 움직인다.

BBC방송 인터넷판이 2005년 3월 31일 보도했다.

2001년, 휠체어에 의존해 살아가고 있는 미국인 매튜 네이글Matthew Nagle(당시 나이 25세)은 매사추세츠 주 뉴잉글랜드 시나이 병원에서 칩 장착 수술을 받았다.

이 수술을 통해 그는 생각으로 모든 사물을 통제할 수 있게 됐는데 두뇌 칩이 그의 생각을 읽고 그 생각을 컴퓨터로 보내 해독하게 하는 것이다. '브레인게이트braingate' 라고 불리는 이 장치는 머리카락 굵기의 전극 100개로 구성돼 행동을 통제하는 뇌의 운동피질motor cortex에 1밀리미터 깊이로 이식된 장치다. 이 두뇌 칩 기술과 그의 집에 있는 소프트웨어가 연결된 디바이스 장치 덕분에 네이글은 집에서 생각만으로 TV를 켜고 끌 수 있으며 채널을 바꾸거나 볼륨을 조절할 수 있다.

뇌신경 사이에 신호가 전달될 때 생기는 전기의 흐름인 뇌파는 0.5~50헤르츠(초당 진동수)의 주파수와 20~200마이크로 볼트(μV)진폭을 갖는다. 뇌파의 주파수가 높을수록 흥분한(베타파) 상태이고, 주파수가 낮을수록 졸리거나(세타파) 잠을 자는(델타파) 상태다.

외부 전자기파는 뇌파에 영향을 주는데 현재 인간의 감정과 행동을 조종할 수 있을 정도로 기술이 발전했다. 이미 투우, 원숭이, 고

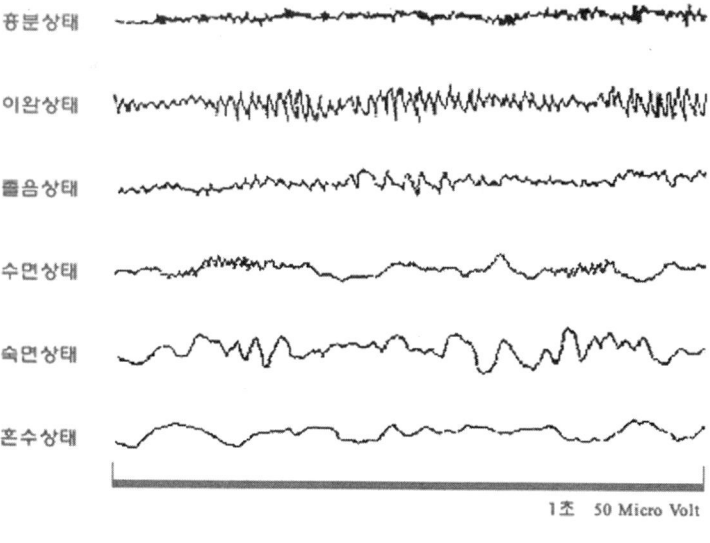

흥분상태

이완상태

졸음상태

수면상태

숙면상태

혼수상태

1초 50 Micro Volt

인간의 뇌파

양이, 생쥐 등을 대상으로 한 동물 실험에서 뇌에 삽입한 전극으로 행동 통제가 가능한 수준에 와 있다. 역으로 인간의 뇌파를 분석해 생각을 읽어내는 기술도 발전하고 있다. 사람의 생각을 파장 형태로 바꾸어 컴퓨터에서 코드화한 후 전자파로 발송하여 대중의 생각을 바꾸는 것이 가능하다. 인간의 두뇌와 컴퓨터를 연결해 정보를 주고받는 사이보그의 출현도 멀지 않았다.

일루미나티의 팝 음악 세뇌 프로젝트

레이디 가가, 비욘세, 브리트니 스피어스 등 미국 팝 스타들이 일

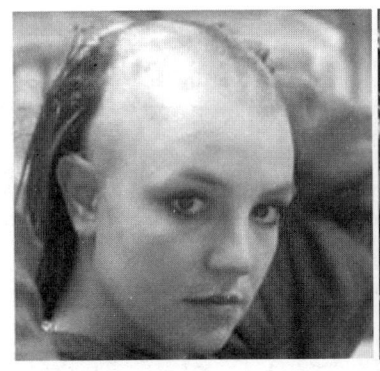

스스로 머리를 밀고 있는 브리트니 스피어스　　　'Hold it Against Me'의 뮤직비디오

루미나티의 대중음악 사업을 위해 모나크 프로그램으로 만들어진 마인드 컨트롤 노예라는 것을 아는 사람은 많지 않다. 특히 마약, 알코올, 이혼 등으로 망가질 대로 망가진 브리트니의 모습을 보면 누구나 그녀가 심각한 정신질환(다중 인격 장애)에 걸려 있음을 알게 된다. 또한 그들의 뮤직비디오를 보면 한쪽 눈을 가려 호루스 전시 안을 나타내거나 마귀 뿔 싸인을 하거나 피라미드 모양을 나타내는 등 일루미나티 상징을 많이 볼 수 있다.

　이런 팝 스타는 대체로 어릴 때부터 길러지는데 브리트니는 시골 마을에서 태어나 8살 때부터 브로드웨이에서 활동했고, 12살에 디즈니의 미키마우스 클럽에서 연예인으로 길러졌으며, 17살 때 데뷔 하자마자 스타가 되었다.

　그녀의 첫 뮤직비디오의 제목은 'baby one more time'인데 섹시한 안무와 함께 가학성 성행위를 암시한다. 브리트니의 3집 수록 곡인 'I'm a slave 4U'에서는 노골적으로 자신이 마인드 컨트롤 노예임을 드러냈다. 2011년 발매한 싱글 앨범 'Hold it Against Me'에서는 모니터에 둘러싸여 감시 통제되는 그녀의 모습을 보여준다.

그녀는 미용실에서 스스로 삭발을 했는데 이는 마인드 컨트롤 핸들러로부터 자유롭고 싶은 마음을 표현한 것으로 보인다. 이처럼 일루미나티는 영화와 음악에서 자신들의 상징과 사상을 노출시켜 다가올 통제 사회와 사탄 숭배에 대한 거부감을 줄이고 있다.

"식량을 장악하라! 그러면 전 세계 사람들을 장악하게 될 것이다."

_헨리 키신저 (Henry Kissinger, 전 국무장관)

CHAPTER 4

인구 축소 계획

신세계질서 십계명 : 조지아 가이드스톤

미국 남부 조지아 주 앨버튼 카운티에 세워져 있는 거석 '조지아 가이드스톤^{Georgia Guidestones}' 은 미국의 '스톤헨지' 라고도 불리며, 1979년 로버트 C. 크리스티앙이라는 사람의 제안으로 세워졌다. 그는 앨버튼 마을의 화강암 건축 회사에 큰 돈을 주며 조지아 가이드스톤의 제작을 의뢰하고 비석에 새겨질 문구들도 건넸다.

20피트 높이(약 6미터)의 거석 6개에는 4개의 고대 언어(바빌로니아어, 고대 그리스어, 산스크리트어, 이집트어)로 단문 메시지와 8개의 현대 언어(영어, 스페인어, 스와힐리어(아프리카), 힌두어, 히브리어, 아랍어, 중국어, 러시아어)로 '이성의 시대^{The Age of Reason}' 를 위한 10개의 계명이

조지아 가이드스톤

적혀 있다.

바닥 기초석에 새겨진 설명서에서 작가 이름 로버트 C. 크리스티앙은 가명이라고 하는데 그 이름의 기원은 장미십자회의 설립자인 '크리스티안 로젠크로이츠Christian Rosenkreuz' 로 거슬러 올라가고, 영어식 이름은 Christian Rose Cross이다. 기초석에는 거석의 후원자가 '이성의 시대The Age of Reason' 를 추구하는 소수의 미국인이라고 적혀 있다.

'이성의 시대' 는 미국 작가 토머스 페인Thomas Paine(1737~1809)의

《이성의 시대》   기초석에 새겨진 설명서

무신론적 작품이다. 그는 벤자민 프랭클린과 함께 미국 장미십자회의 지도 회원이었다. 따라서 조지아 가이드스톤을 세운 사람들은 장미십자회원임을 알 수 있다.

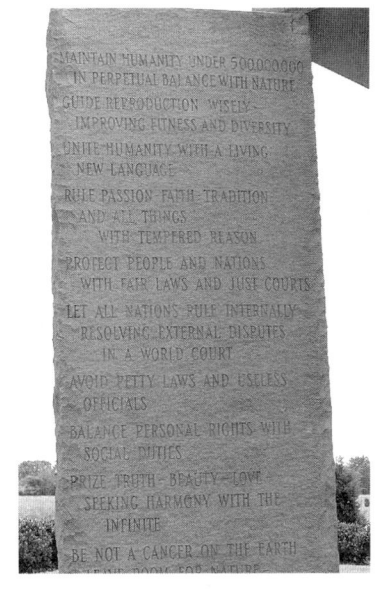

조지아 가이드스톤 영문판

일루미나티의 계획으로 알려진 계명의 첫 번째 내용은 '인구를 5억 미만으로 유지하고, 영원히 자연과 조화를 이루며 살아간다.' 이다. 생물학자 폴 에를리히^{Paul Ralph Ehrlich}가 《인구 폭탄^{The Population Bomb}》에서 언급한 것과 비슷한 내용들이 돌에 새겨져 있다. 조지아 가이드스톤은 미래의 인류와 미래의 정부가 준수해야 할 규칙들을 십계명 형식으로 제시하고 있는 것처럼 보인다. 그 자세한 내용을 소개한다.

조지아 가이드스톤 영문판[■]

1. 인구를 5억 미만으로 유지하고, 영원히 자연과 조화를 이루며 살아간다.
2. 인간의 건강과 다채로움을 증진할 수 있도록 번식을 지혜롭게 조절한다.
3. 새로운 공용어를 통해 인류를 통합한다.
4. 냉철한 이성으로 열정, 믿음, 전통을 다스린다.
5. 공정한 법률과 정의로운 법정을 통해 인간과 국가들을 보호한다.
6. 모든 국가들이 자치를 추구하되, 국가 간의 분쟁은 세계법정을 통해 해

소한다.

7. 사소한 법률과 쓸모없는 공권력은 폐지한다.

8. 개인의 권리와 사회적 책임을 조화시킨다.

9. 무한과의 조화를 추구하며, 진실, 아름다움, 사랑을 소중히 여긴다.

10. 지구의 암적 존재가 되어서는 안 된다. 자연을 위한 자리가 보장되어
   야 한다.

조지아 가이드스톤은 신세계질서를 위한 십계명이라고 할 수 있
다. 이로써 우리는 일루미나티의 인구 축소 계획이 실재한다는 것
을 알 수 있다.

CNN 창업자인 테드 터너$^{Ted\ Turner}$는 1998년 인구의 95퍼센트를
줄인 3억 정도의 인구가 함께 살아가기에 가장 적당하다고 했다.
1996년 클린턴은 'UN 도시환경 정상회담'에서 인구를 10억 명까
지 줄여야 한다고 주장했다.

1974년 헨리 키신저는 개발도상국의 인구 증가가 미국의 안전에

■ 원문은 다음과 같다.

1. Maintain humanity under 500,000,000 in perpetual balance with nature.
2. Guide reproduction wisely — improving fitness and diversity.
3. Unite humanity with a living new language.
4. Rule passion — faith — tradition — and all things with tempered reason.
5. Protect people and nations with fair laws and just courts.
6. Let all nations rule internally resolving external disputes in a one world court.
7. Avoid petty laws and useless officials.
8. Balance personal rights with social duties.
9. Prize truth — beauty — love — seeking harmony with the infinite.
10. Be not a cancer on the earth — Leave room for nature.

위협이 되며, 산아 제한, 전쟁, 기아 등을 통해 인구를 줄여야 한다는 내용의 비밀 보고서를 포드 대통령에게 제출했다.

그렇다면 일루미나티가 고안한 인구 축소 계획이 실제로는 어떤 방식으로 실행되고 있는지 살펴보자.

'인구론'의 저자 맬서스의 후예들

《인구론*An Essay on the Principle of Population*》으로 유명한 경제학자 토머스 로버트 맬서스*Thomas Robert Malthus*는 영국에서 태어났고, 데이비드 흄과 장 자크 루소 같은 철학자들과도 친분이 있었다. 영국 국교회 목사로 재직하던 맬서스는 1793년에 지저스 칼리지의 펠로(평의원)가 되었다.

맬서스는 32세인 1798년에 익명으로 《인구론》을 간행했다. 그는 이 책에서 '인구는 기하급수적으로 증가하지만 식량은 산술급수적으로 증가하므로 인구와 식량 사이의 불균형이 필연적으로 발생할 수밖에 없으며, 여기에서 기근·빈곤·악덕이 발생한다. 이러한 불균형과 인구

토머스 로버트 맬서스   인구론 초판본 속표지.

증가를 억제하는 방법으로 기근·질병 등으로 인한 사망과 같은 적극적 억제 외에 성적 난행을 막고 결혼을 연기하여 출산율을 감소시키는 등의 도덕적 억제가 있다.'고 하였다.

인구론의 영향으로 원래는 인구 증가와 빈민 구제를 지지했던 영국 피트 수상도 입장을 바꿔 양쪽 모두에 반대했고, 생활 보조금 관련 법안도 결국 철회되었다.

맬서스는 임금 상승을 비롯해 인구 증가에 일조할 만한 요인은 모조리 반대하며 현상 유지를 주장했다. 그의 주장처럼 기하급수적이진 않았지만 세계 인구는 꾸준히 늘었는데 1750년에 8억 명이던 세계 인구는 1850년에 12억 명으로 늘었고, 1950년에는 25억, 2000년엔 60억을 돌파했다.

250년 만에 전 세계 인구가 무려 8배 가까이 급증하면서 식량, 환경, 자원 문제 등 인구 증가의 폐해도 나타나고 있는 실정이다. 20세기에 들어 급속한 인구 증가에 대한 우려와 함께 폴 에를리히

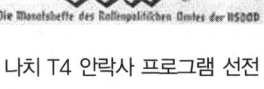
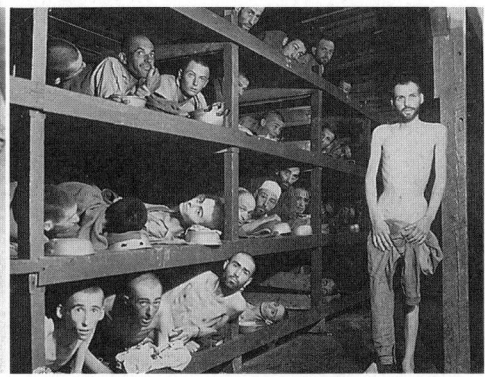

나치 T4 안락사 프로그램 선전 　　　　나치 집단 수용소의 모습

의 《인구 폭탄》(1968)과 로마클럽의 《성장의 한계》(1972)처럼 현대판 '인구론'이라 할 만한 저서들도 쏟아져 나왔다.

수많은 프리메이슨 단체와 유명 인사들이 인구 과잉 문제에 대해 연구해 왔다. 20세기 초에는 록펠러 가문이 우생학 연구를 위해 큰 돈을 내놓았고, 부시 가문 역시 인구 조절, 낙태, 우생학에 대해 깊은 관심을 보였다. 나치는 인종 차별을 기반으로 한 히틀러의 민족 우월주의를 등에 업고 독일에서 급부상했다. 이처럼 인종과 문화를 배경으로 한 우월주의에 기술의 발전이 곁들여져 '잉여인간 정리'라는 계획이 탄생한다.

'강한 자만이 살아남는다.'는 다위니즘의 관점에서 본다면 도덕과 윤리는 더 이상 의미가 없는 구시대의 유물이다. 나치는 1933년에 '유전 질환이 있는 후손을 예방하기 위한 법'을 제정하고 나서 1945년까지 육체적, 정신적 유전 질환이 있는 사람 약 36만 명에게 강제 불임 수술을 받게 했다.

1940년부터는 안락사를 이용한 장애인 학살 계획인 T4 작전을 '편안한 죽음'이라고 부르며 7만 명의 장애인들을 특별 수용소로 끌고 가 일산화탄소로 살해했다.

치명적인 바이러스의 살포

1970년대 초반에 이르게 되자 프리메이슨 엘리트들은 위기를 느끼기 시작했다. 아무리 노력해도 인구가 줄어들 기미가 보이지 않

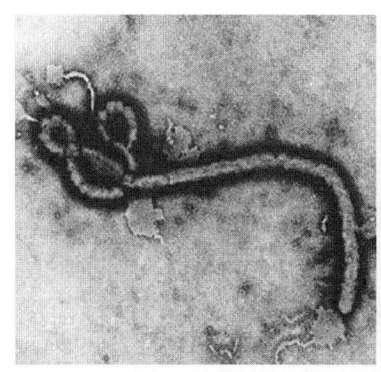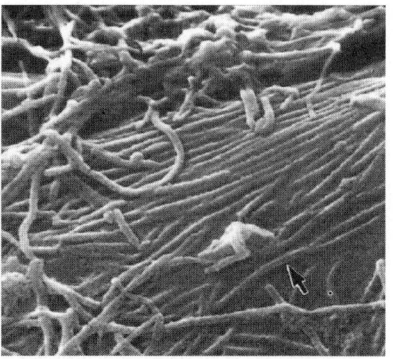

에볼라 바이러스   에볼라 바이러스에 감염된 세포

자, 이들은 더욱 많은 돈을 연구소에 투입하여 이 중대한 사안을 연구하도록 했다.

첫째, 불필요한 인구를 확실히 제거할 수 있어야 했고, 둘째, 돈 많은 엘리트들에게는 언제든 도망갈 수 있는 방도가 있어야 했다. 초기에 제시된 방안 중 하나는 생물학 무기를 이용하여 인구를 줄여보자는 것이었다.

1997년 영국 쉐필드 의과 대학교 교수 프랭크 라이언 박사는 《바이러스 엑스*Virus X*》란 저서를 통해 인류를 멸종시킬 미지의 바이러스 출현을 예고했고, 이 치명적인 바이러스가 창궐하여 인구를 조절하는 것이 자연계의 필연적 조절 과정이며 순리라고 주장한 바 있다.

요즘 천연두 바이러스가 살포된다면 대부분의 인류가 무방비 상태가 될 것이며, 천연두 바이러스는 공기 중으로 전파되고 치사율이 30퍼센트에 달하므로 많은 사람이 사망할 수 있다. 현재 천연두 바이러스는 미국 질병관리국^{CDC}과 러시아의 국립바이러스 · 생명공학 센터에 800개의 유리관에 보관돼 있다.

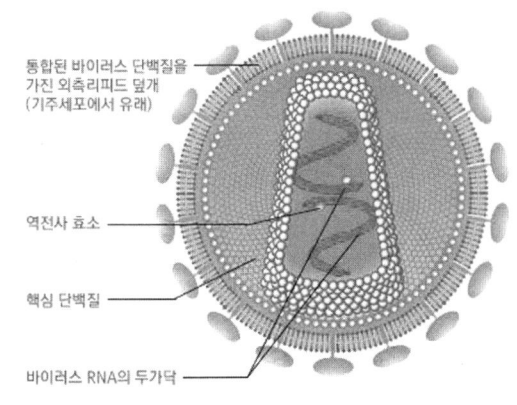

통합된 바이러스 단백질을
가진 외측리피드 덮개
(기주세포에서 유래)

역전사 효소

핵심 단백질

바이러스 RNA의 두가닥

HIV(인간 면역결핍 바이러스)

치명적인 에볼라 바이러스에 감염된 환자는 고열과 두통, 근육통, 피로, 설사 등의 증세를 보이고 일주일 후에는 흉부에 심한 통증과 쇼크증세를 보이다 사망하게 된다.

2006년 저명한 텍사스 대학교 생물학 교수인 에릭 피안카^{Eric Pianka}박사는 텍사스 과학학회 수상 소감 중 '에이즈는 잠복기간이 길어 너무 느리다.'고 말하며, 감염된 지 일주일 만에 치사율 50~90퍼센트를 보여 세계 인구의 90퍼센트를 급속도로 몰살할 수 있는 에볼라 바이러스의 효과를 '칭송' 했다. 에릭 피안카가 바이러스의 대량 살상 효과를 격찬할 때마다 참석한 천 명이 넘는 저명한 과학자 대부분이 기립박수를 보냈다.

또 그는 '인간의 급속한 증식은 음식과 물, 에너지 같은 지구 자원을 더 이상 지탱할 수 없을 정도로 요구하며, 인구의 팽창은 이미 수용의 한계를 넘었다.'고 말했다.

1970년대에 국회 청문회에서 공개된 내용에는 이 시기에 다양한 유형의 생물학 솔루션들이 연구되었고, 폐기되었다는 사실이 드러나 있다. 미국 메릴랜드 주에 위치한 미군 의료 기관인 포트 데트릭 Fort Detrick 의 생물학 무기 실험실에서 개발되었다는 의혹을 받고 있는 AIDS는 치명적이었지만, 생각보다 전염이 쉽지 않다는 단점을 안고 있었다. 바이러스를 비롯한 생물학 무기가 가진 또 하나의 단점은 '살아야 할 사람들'에게까지 영향을 줄 수 있다는 것이다. 엘리트들은 결국 이 방안이 너무 위험하다는 결론에 도달했다.

신종 전염병과 백신 부작용

21세기 들어서 신종플루와 사스 SARS (중증급성호흡기증후군)와 슈퍼박테리아 같은 신종 전염병이 자주 나타나고 있다. 그런데 전염병을 예방할 백신이 생각보다 효과는 적고 부작용은 심각하다는 문제가 드러나고 있다. 소아마비나 백일해 백신을 맞아도 같은 질병에 걸리는 경우가 적지 않다.

1940년 예방 접종이 시행되기 전 자폐증은 매우 희귀한 질환이었으나 요즘 미국에선 150명당 한 명 꼴로 자폐증에 걸린다. 제약회사는 일부러 병균을 퍼뜨린다는 의심도 받고 있는데 백스터 Baxter에서 18개국으로 보낸 백신에서 살아 있는 H5N1 바이러스가 발견되었다.

대부분의 유명 백신 회사 제품은 수은계 방부제인 치메로살 thimerosal 이 들어있는데 수은은 신경계에 치명적인데도 WHO는 문제없다고 덮어주고 있다. 이라크 전쟁에서도 미국 정부는 참전 군

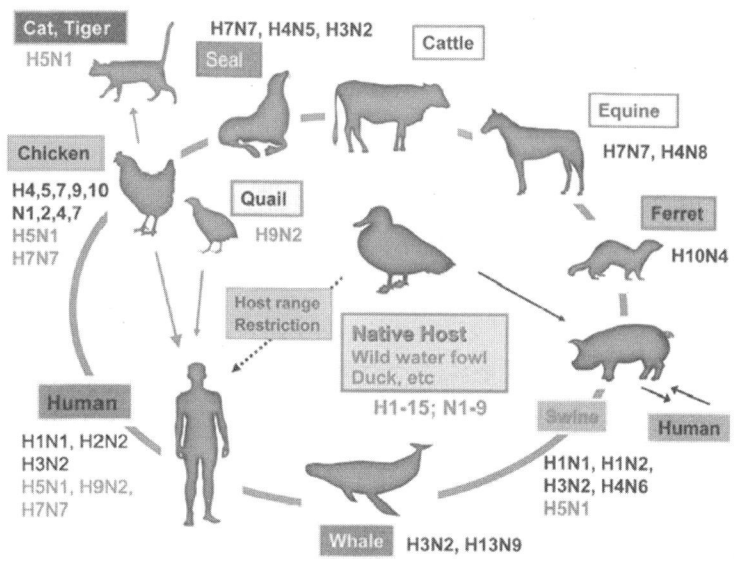

신종플루 전염경로

인들에게 부작용이 많은 백신을 주사했고, 일부 군인들은 백신 접종을 거부하기도 했다

신종플루 백신을 접종할 경우 신경계를 훼손시켜 마비 증상을 일으키거나 호흡을 하지 못하게 하는 GBS^{Guillain-Barre Syndrome}라는 질병에 걸릴 가능성이 있다. 미국에서는 매년 수천 명의 유아가 백신 부작용으로 사망한다. 1988년부터 국가 백신상해 보상프로그램 National Vaccine Injury Compensation Program은 가족들에게 1조 2천억 원에 이르는 보상금을 지급했다.

백신의 부작용으로 피소를 당한 제약 회사들은 관련 정보들이 일반인에게 새어나가지 못하도록, 관련 정보의 유출을 불법으로 규정하도록 법을 개정하였다. 미국 보험 회사도 백신의 위험을 알기에 백신으로 인한 상해를 보험 처리하지 않고 있다.

2011년 중반 독일에서 유행한 슈퍼박테리아는 '장출혈성 대장균 EHEC' 과 '장응집성 대장균EAEA' 등 2종류의 대장균이 유전적으로 결합된 특이한 형태다. 이 슈퍼박테리아는 시가Shiga라는 독성 물질을 지녔으며 시가는 출혈을 동반하는 설사와 극심한 고통을 유발하고 신부전증을 일으킨다.

시가는 내장 내벽에 잘 달라붙는 습성이 있어서 이 슈퍼박테리아가 내장 벽에 벽돌 더미처럼 쌓이며 몸속으로 독성을 퍼뜨린 것으로 독일 연구진은 보고 있다.

이처럼 단순한 돌연변이가 아니라 여러 유전자가 하나로 조합되는 것이 최근 유행병의 특징이다.

식품첨가물의 목적

아스파탐Aspartame은 설탕에 비해 200배의 단맛을 내는 독성 화학물질로 레이건 대통령 재임 시절 논란 속에서 FDA가 승인한 식품첨가물이다. 아스파탐은 1965년 항궤양성 약을 테스트하는 화학자에 의해 우연히 발견되었다. 껌, 과자, 다이어트 음료 등에 많이 들어 있고, 막걸리와 소주에도 들어 있다. 아스파탐은 오늘날 100여 개 국가에서 5천 종에 달하는 각종 다이어트 식품에 사용되고 있다.

동물 대상으로 실험했을 때 암, 백혈병, 유산 등 다양한 부작용이

발생했다. 1996년 미국
국립암연구소는 아스파탐
사용이 허가된 뒤로 뇌종
양 환자가 급격히 증가했
을 뿐만 아니라 공격적인
형태의 암세포 비율이 늘
어났다고 발표했다.

코크 제로에 함유된 아스파탐(합성감미료)

아스파탐의 알려진 부
작용으로는 두통, 현기증,
정서 장애, 구토, 구역, 복
통, 시력저하, 설사, 발작,
경련, 기억상실, 피로, 허탈감, 수면 장애, 두드러기, 심박동 변화,
생리 주기 변화 등이 있다.

신경생리학자인 피츠버그 대학교의 윌 클라우어 박사는 자신의
저서에서 '아스파탐은 식품이 아닙니다. 허가 과정이 불투명한 불
량 첨가물입니다. 먹지 마세요. 특히 아이들에게 먹이지 마세요. 다
이어트 음료를 즐기신다고요? 아스파탐이 음료에 사용되면 더욱 해
롭습니다.' 라고 주장했다.

"어린이의 손에 닿지 않는 곳에 보관하시고, 어린이가 사용할 경우 지도,
감독하여 주십시오. 만일 많은 양을 먹었을 경우 의사와 상의해 주십시오."

불소가 함유된 치약이라면 빠짐없이 기록되어 있는 주의 사항이

불소가 함유된 어린이 치약들

다. 치약을 많이 먹으면 위험한 것은 치약에 함유된 불소 성분 때문이다. 지독한 생명력이 있는 바퀴벌레도 불소가 든 치약에 닿으면 죽는다.

치아 형성기에 불소에 노출되면 '치아불소증'으로 진행되는데(현재 미국 아동의 22퍼센트에서 발견됨) '치아반상치'라고 불리는 영구적인 흰색 반점을 유발한다. 2006년 12월 강릉의 한 농촌에서 아이들 7명 모두 이가 변색되고 심한 경우 내려앉거나 구멍이 생긴 사건이 발생했다. 건드리면 부서지기도 했는데 리터당 11.4밀리그램의 불소가 함유된 지하수를 2년 동안 마신 게 원인이었다.

불소는 원소기호 F로 정식 명칭은 '플루오르Fluor' 다. 불소는 붕산과 함께 살충제나 쥐약의 주원료로 사용되며, 그 독성은 비소 다음으로 강하고 납보다도 강하다. 우리나라의 폐기물 관리법에서도 불소는 '오염 물질'로 취급된다. 이렇듯 독성이 강한 불소지만, 충치 예방의 기능을 가지고 있는 것 또한 사실이다.

1931년대 미국의 화학자 페트레이Petrey는 음료수 내에 불소가 함유되어 있을 경우 치아 색은 갈색이 되지만 충치는 거의 발생하지 않는다는 사실을 밝혔다. 실험 후 음료수 중에 약 1피피엠(ppm)의 불소가 존재하면 인체에 영향이 없으면서도 충치가 약 60퍼센트 정도 감소되었던 것이다. 이러한 결과를 바탕으로 미국은 상수도원에 일정량의 불소를 첨가해 인공으로 물을 불소화시켰고, 이같이 하는 나라는 30여 개국이다.

그러나 불소를 상수도원에 인공적으로 투여하는 일에 대해서는 반대의 목소리가 높다. 불소의 충치 예방 효과 자체가 불소 폐기물을 처리할 곳이 없어 고심하던 우라늄 농축이나 알루미늄 제련 기업들이 찾아낸 방편일 뿐이며, 충치 예방 효과에 비해 부작용이 훨씬 크다는 우려다.

몸에 들어온 불소는 절반 이상 축적되고, 면역 체계를 손상시키며, 백혈구의 활동을 약화시키는 특징을 가지고 있어 장기간 다량 복용할 경우 관절염, 요통, 골다공증, 골절, 골암 등을 유발할 수 있다. 때문에 벨기에에서는 불소 화합물을 함유한 식품의 판매를 금지하고 있다.

식량 감축 계획

인구 축소를 위한 확실한 카드는 식량 생산 감축과 곡물 가격 인상이다. 유대계 식량 회사인 콘티넨탈 그레인Continental Grain과 카길 사Cargill, Inc.에서 미국 곡물 수출의 85퍼센트를 담당하고 있다.

최근 주요 곡물 생산국이 홍수, 가뭄, 폭염, 폭설, 한파 등 기상이변으로 작황이 좋지 않았고, 이는 수출 중단으로 이어졌다. 국제 곡

국제 곡물 가격 동향 (단위 : US달러/톤, %)

구분		07/ 08년	08/ 09년	'09. 1월	'10. 1월	'10. 6월	'10. 12월	'11. 1.28일	'10.6월 대비(%)	07/08년 대비(%)
대두		462	373	365	360	349	484	514	47.3	11.3
밀		315	247	226	192	176	303	335	90.3	6.3
옥수수		203	155	154	152	137	231	254	85.4	25.1
쌀	중립종	694	1,119	1,150	754	740	878	875	18.2	26.1
	장립종	551	609	570	588	456	552	535	17.3	-2.9

자료: 농림수산식품부

2010년 곡물 생산에 영향을 미친 세계의 주요 기상 상황

국 가	기상현상과 영향
러시아 · 카자흐스탄	7월부터 심각한 가뭄으로 밀 등 대폭 감산
우크라이나	5월 서부 홍수, 7월 동부 가뭄으로 밀, 보리, 유채 등 감산
파키스탄	7월 하순 홍수로 쌀, 면화, 옥수수, 사탕무 등 생육에 피해
EU	5월 영 · 프의 폭염, 발칸반도의 홍수로 밀, 유채 생산 감소 /9월 동유럽의 홍수로 농작물 피해
캐나다	5월 폭우로 밀, 보리, 유채 재배에 피해 / 9월 폭우로 수확 피해
미국	8월 폭우로 옥수수 수량 저하
브라질 · 아르헨티나	11월 가뭄으로 옥수수, 대두 등의 생육에 피해 우려
호주	6~9월 서부의 가뭄, 12월 동부의 대홍수로 밀 생산에 피해

자료: 「日本農業新聞」 2011년 1월 3일자 참조

물 투기와 달리 약세는 식료품 가격 인상을 부채질했다. 곡물가 인상은 정치 불안으로 이어져 많은 독재 국가들이 시위로 무너졌다.

우리나라도 쌀을 제외한 밀, 옥수수, 콩 등은 대부분 수입에 의존하는 세계 5위의 곡물 수입국으로 식량난에 취약한 편이다. 게다가 1997년 IMF 사태 이후에는 우리나라의 종자 기업이 몬산토(베트남전 고엽제 생산회사), 듀폰, 신젠타 같은 다국적 종자 회사에 팔려 농사를 지으려면 비싼 값을 치루고 종자를 구입해야 한다.

구입한 종자는 특허가 있기 때문에 재파종 할 수 없으며, 패키지로 나오는 비료와 농약도 비싸게 구입해야 한다. 종자 회사가 해충에 강하도록 살충제 물질을 생성해 내는 능력을 가지도록 유전자를 변형한 농산물GMO은 예기치 못한 독성으로 부작용을 일으킬 수 있다. 미국 옥수수의 85퍼센트 이상이 유전자 조작되었고, GMO 농산물은 인간의 장기 손상과 불임 등을 유발한다.

인구 축소를 위한 최후 계획

수많은 시행착오를 거친 후, 그들은 결국 최후의 계획을 만들어 냈다. 성공 확률은 100퍼센트에 가까웠다. 바로 석유 가격을 확 올리는 것이다.

값싼 석유가 더 이상 공급되지 않을 경우 미국, 캐나다, 유럽과

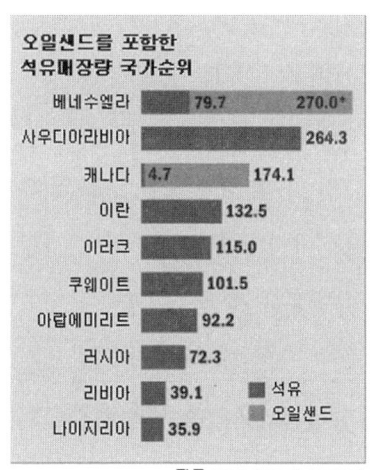

자료 Wall Street Journal

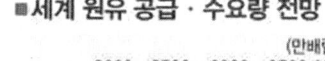

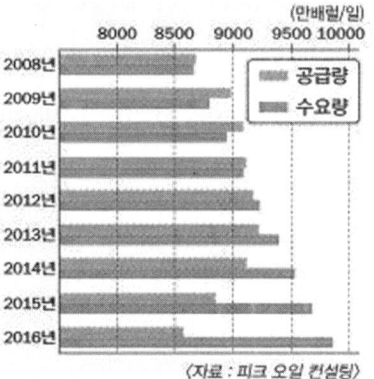

〈자료 : 피크 오일 컨설팅〉

같은 선진국들이 가장 심한 타격을 받게 되는데, 선진국의 대규모 농업은 석유에 대한 의존도가 높기 때문이다. 농기계, 비료, 농약, 운송, 보관 등은 지금 모두 석유에 의지하고 있다. 엘리트들은 값싼 석유의 공급이 끊어질 경우 국가가 통째로 쓰러질 수도 있다는 사실도 깨달았다.

하지만 수천 년 전부터 사용되었던 기법으로 농사를 짓고 있는 제3세계 국가들은 고유가에도 살아남을 수 있다. 석유의 도움 없이 농작물을 재배하는 방법을 잊어버리는 현상이 전 세계로 퍼져야만 했다.

이를 위해 우선은 1970년대부터 그들은 전 세계에 값싼 석유를 공급함으로써 석유에 대한 의존도를 높여 나갔다. 녹색 혁명과 세계화를 슬로건으로 내세워, 전 세계가 석유에 중독되도록 했다. 지구촌이 석유 없이 살아갈 수 없는 상태가 되었을 때, 값싼 석유를 거둬들임으로써 대혼란을 일으키는 것이다.

아직까지도 땅 속에는 많은 석유가 묻혀 있지만 콜로라도 주 서부의 혈암과 캐나다 앨버타 주의 모래에서 석유를 땅 위로 끌어내기 위해서는 많은 양의 물과 에너지가 필요하다.

석유와 관련된 데이터를 종합해 보면, 유황분이 적은 고급 원유의 양은 급속히 줄어들고 있다. 사우디아라비아는 외부의 감사를 거절하고 있으며, 매일 천만 갤런의 바닷물을 유전으로 끌어들이고 있다. 이는 사우디에 매장된 경질 원유light crude가 이미 바닥을 쳤음을 시사하는 것이며, 이제는 바닥에 깔린 타르와 비슷한 형태로 되어 있는 석유를 추출하기 위해 바닷물을 필요로 한다는 의미로 통한다.

유가가 갤런(약 3.8리터) 당 10달러를 초과하면, 식량 공급망은 더욱 빠른 속도로 무너질 것이다(1달러 1,200원일 때, 1리터에 약 3,160원 수준). 값싼 석유 없이는 값싼 음식도 없다. 심지어 어선도 유가가 오르면 수익성이 떨어져 고기 잡이를 포기한다. 바로 이것이 그들의 '잉여인간 정리하기' 계획이다. 에너지와 식량의 부족은 필연적으로 국제적인 분쟁과 전쟁을 유발할 것이다.

"UN의 목적은 낙태, 강제적인 불임 등을 통해
선택적으로 인구를 줄여나가는 것이다.
지구상의 인간 중 3분의 2 정도는 잉여라 할 수 있으며,
매일 350,000명 정도를 줄여나가야 한다."

_자크 쿠스토 (Jacques Cousteau, 프랑스 해양탐험가)

CHAPTER 5

FEMA 수용소

미국 계엄 사령부, FEMA

FEMA(연방비상관리국, www.fema.gov)는 원래 핵전쟁 발발 시 미국 연방정부의 생존을 보장하기 위한 목적으로 고안되었다. 그리고 2차적으로는 국내에서 지진, 홍수, 허리케인 등 재난 상황이 발생했을 때 치안과 구조를 담당한다. FEMA는 산불, 가택의 재난, 난민 상황, 폭동, 핵 및 생화학 위협에 대응하는 역할도 부여 받았으며, 서부의 미6군Sixth Army과 공조하여 작전을 펼치고 있다.

비상사태 시 군, 경찰, FBI 등은 FEMA의 지시에 따라야 한다. 미국 각지에서 목격되는 검은색의 비밀 헬리콥터들은 FEMA의 자산이다. 워싱턴 D.C.에 위치한 FEMA 건물 5층은 철제로 된 문으

FEMA 로고

로 굳게 닫혀 있고, 붉은 십자가 문양이 찍힌 셔츠를 착용한 인력만 이곳에 출입할 수 있다.

FEMA^Federal Emergency Management Agency는 겉으로는 재난 상황 시 시민 대피와 구조를 전담하지만 실제로는 비상 시 가동될 미국의 '계엄 사령부'이며 국토안보부^Department of Homeland Security 소속이다.

미국 헌법 위에 있는 FEMA

FEMA는 1979년 카터 대통령의 행정 명령에 의해 여러 재난 관련 기관을 합병해 설립되었다. FEMA가 보유한 권력은 모든 국가 기관이 가진 권력을 '넘어서며' FEMA는 법률의 효력을 정지시킬 수 있다.

인구의 이동을 마음대로 명령할 수 있고, 영장 없이 시민을 체포 구금하며, 재판 과정 없이 감옥에 보낼 수도 있다. 또 국민의 재산,

중무장한 시위 진압 경찰   도심 훈련 중인 미군

식량, 통신 수단, 교통 수단을 압수할 수 있고, 자녀를 빼앗아갈 수 있으며, 심지어 미국의 헌법마저 무력화 시킬 수 있다. 이런 사실은 아래에 나온 'FEMA와 관련된 행정 명령들'을 통해 확인할 수 있다. 향후 FEMA는 경찰국가를 운영하는 행정부 역할을 하도록 되어 있다.

1984년 4월, 레이건 대통령은 FEMA 주관으로 비밀 국가 대비 태세 훈련을 개시할 수 있도록 하는 'REX 84'를 시행하였다. 훈련의 목적은 위기 상황에서 FEMA가 군을 통제할 수 있는 체제를 구축하는 것이다. 비상사태 시 미국 군대가 경찰과 함께 시위를 막고, 반항자를 체포해 FEMA 수용소로 이송하는 데 동원된다.

REX 84 프로그램이 가동되면 '가든 플롯 작전Garden Plot' (국민을 통제하기 위한 작전)과 '케이블 스플라이서 작전Cable Splicer' (연방 정부가 체계적으로 주 정부 기관을 인수하기 위한 작전)도 함께 가동된다. REX 84는 원래 유사시 외국인들이 미국-멕시코 국경을 넘어 미국 본토로 유

입되었을 경우 FEMA의 주관 하에 이들을 신속하게 잡아들여 수용
소로 보내자는 것이었다. REX 84 훈련에는 다음과 같은 내용들이
포함되어 있었다.

- 미국 헌법의 무력화
- FEMA로의 정권 이양
- 군 사령관들의 정부부처 수장 위임
- 계엄령의 선포

FEMA에 할당된 예산은 10억 달러에 육박하지만 이 가운데 유
사시 국민들을 지원하기 위한 금액은 고작 6퍼센트에 불과했다. 2005년 허리케인 카트리나 당시 FEMA의 본업무인 재난 구호에는 미흡했지만 부업무인 주민을 이주시키고 병력을 배치하는 데는 탁월함을 보여주었다.

FEMA 본부에서 허리케인 대책을 브리핑하는
부시 대통령과 폴리슨 FEMA 국장

FEMA를 설립하기 위해
일련의 대통령령들이 선포되었는데, 이 내용들이 위헌인지의 여부
는 고려되지 않았다. '관보Federal Register' (www.federalregister.gov)를
통해 선포되면 그만이고, 의회의 승인을 거치지도 않는다.

행정명령번호	내용
10990	정부가 모든 교통수단, 고속도로, 항만에 대한 통제권을 확보할 수 있는 권한
10995	정부가 통신 미디어를 압수하고 통제할 수 있는 권한
10997	정부가 모든 전력, 가스, 유류, 연료 및 광물을 통제할 수 있는 권한
10998	정부가 모든 식량 및 농지를 통제할 수 있는 권한
11000	정부가 민간인을 징집하여 노역을 시킬 수 있는 권한
11001	정부가 모든 의료, 교육 및 복지 기구를 통제할 수 있는 권한
11002	우정장관(Postmaster General)이 모든 국민을 명부에 등록할 수 있는 권한
11003	정부가 모든 공항 및 항공기(민항기 포함)를 통제할 수 있는 권한
11004	주택재정국(Housing and Finance Authority)이 인구의 이동을 명령하고, 공적 자금을 이용하여 새로운 주거시설을 건설하며, 철거 대상 지역을 지정하고, 새로운 정착지를 지정할 수 있는 권한
11005	정부가 모든 철도, 수로, 및 공공 창고시설을 통제할 수 있는 권한
11051	국제적인 긴장 상태가 고조되고 경제 위기가 심화될 때, 비상계획실(Office of Emergency Planning)에서 모든 대통령령의 효력을 발휘시킬 수 있는 권한
11310	법무부가 모든 대통령령의 행사를 보장하고, 비즈니스 업계의 지원을 명령하고, 모든 외국인을 통제하고, 수감시설을 운영하고, 대통령을 자문할 수 있는 권한
11049	연방 정부 부처가 21개 대통령령의 내용을 행사할 수 있는 권한을 보장
11921	FEMA가 국가위기 상황에서 에너지원, 급여, 현금 유동성의 통제 계획을 수립할 수 있는 권한을 부여. 대통령이 비상사태를 선포할 경우, 의회에서는 6개월 동안 이의 제기를 할 수 없음.

FEMA와 관련된 행정 명령들

관보에 명시된 각종 대통령령은 FEMA의 작전을 뒷받침하기 위한 일종의 법적 장치라 할 수 있다.

FEMA는 이미 완성되어
시행 준비 중이다

　FEMA 수용소는 철도나 도로와 직접 연결되는 경우가 많고, 부근에 공항이 위치한 곳도 적지 않다. 철도가 FEMA 수용소 내부로 들어가는 곳도 있어서 나치의 아우슈비츠 수용소를 연상시킨다. 대부분의 수용소들은 2만여 명의 인원을 수용할 수 있다. 일부 시설엔 시체를 넣기에 적합한 플라스틱 관들이 많이 쌓여 있는데 조지아 주의 한 수용소에는 50만 개의 관이 있다.

　'시체 처리기'라 불리는 플라스틱 관은 CDC(질병통제센터)에서 관리하며, 크기가 넉넉해 3~4명도 들어갈 수 있고, 화장에 용이하도록 설계되었다.

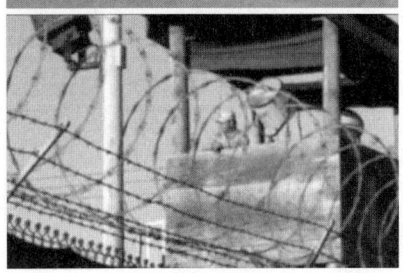

FEMA 수용소 정문(상)
FEMA 수용소 감시탑(하)

　FEMA 수용소를 둘러싸고 있는 철조망의 방향은 모두 수용소 안쪽을 향하고 있다. 즉, 외부 침입을 막기 위함이 아니라, 내부로부터 탈출을 막기 위한 용도라 할 수 있다.

　정문의 적하장은 열차가 들어갈 수 있을 정도로 거대한 규모다. 무장한 군인이 감시 타워에 있고, 곳곳에 감시 카메라가 있으며, 경찰차가 주변을 순찰한다.

CIA와 국방성에서 일했던 요원의 증언에 의하면 FEMA 수용소의 용도는 신세계질서로 가기 위한 준비 시설로 계엄령이 선포되었을 때 불복종하는 시민들을 통제하기 위함이라고 밝혔다.

혼란 상태에 대한 일반적인 통제는 폭동과 시위를 막고 중범죄자는 교도소에 보내면 됨에도 불구하고 대규모 수용 시설에 화장장까지 갖춘 이유는 독재 체재와 생체칩 삽입에 항거하는 사람들을 제거하기 위함으로 보인다.

FEMA 관련법에 따르면 비상사태 발생 시 FEMA 수용소는 사형 집행 장소로 이용될 수도 있다.

최근 공개된 미국의회의 비밀회의 내용은 다음과 같다.

❶ 임박한 경제 붕괴 후 대책

❷ 주정부의 붕괴된 재무 상태 수습책

❸ 앞으로 일어날 붕괴에 이어질 민란 대비

❹ 미국 내 정부 반란 세력에 대한 대책 강구

❺ 비상사태 시 일어날 반대자 통제를 위한 FEMA 수용소

❻ 붕괴 사태 후 국회의원에 대한 보복성 공격 저지책

❼ 장래 민란에 대비한 국회의원들의 피난처 마련

❽ 비상 사태 발생 후 캐나다 멕시코와 통합

❾ 경제 사태 수습책으로 북미 통합을 제안한 뒤 공용화폐 '아메로' 소개

현재 미국 내에는 손님 맞을 준비가 되어 있는 FEMA '수용소 Concentration Camp' 가 600곳 이상 완비되어 있다. 모든 시설에는 관리

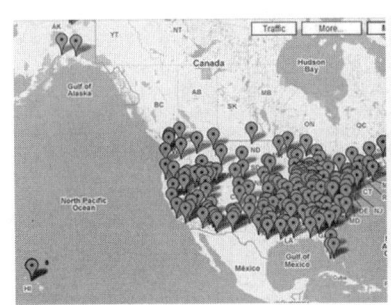

미국 전역에 존재하는 FEMA 수용소 위치표시 지도(구글맵)
FEMA 수용소 내의 플라스틱 관

원과 경비 병력까지 배치되어 있지만 수용되어 있는 사람은 없다.

현재 미국 교도소는 포화 상태라서 죄수들을 사회로 내보내는 실정인데 많은 수용 시설이 비어 있는 것은 이해하기 힘든 일이다. 미국 내에서 계엄령이 선포되면 이 시설들은 FEMA에 의해 운영되도록 되어 있는데 주로 FEMA의 명령에 따르지 않는 사람들이 수용될 것이다.

The Secret of
New World Order

"오늘날 만약 UN군이 질서 회복을 위해 L.A.에 들어온다면

미국인은 분노할 것이다.

내일 만약 UN군이 외계의 위협에 대응하기 위해

L.A.에 들어온다면 미국인은 감사할 것이다.

그것이 진짜든 선동이든 우리의 생존을 위협하면 된다.

전 세계 모든 사람은 이 사악한 세력으로부터

구해달라고 호소할 것이다.

이 시나리오가 적용되면 세계정부에 의해 승인된 안전 보장을 위해

개인의 권리는 기꺼이 포기될 것이다."

_헨리 키신저, 1991년 (Henry Kissinger, 프랑스 빌더버그 회의)

CHAPTER 6

UFO를 통한 미혹

빈번해진 UFO 출현

2010년 9월 5일 중국 내몽골 자치구 바오토오 공항이 UFO로 인해 잠시 폐쇄됐다. 당시 UFO는 바오터우 공항 동쪽으로 약 4킬로미터 떨어진 지점 상공에서 저녁 8시경 목격되었고, UFO는 공항 상공을 선회하더니 갑자기 사라졌다. 여객기가 UFO와 충돌하는 것을 막기 위해 공항은 바로 폐쇄됐고, 착륙 예정 여객기는 인근 공항으로 기수를 돌려야 했다. 그러나 중국 정부는 이에 대한 논평을 거부했다.

2009년 12월 9일 노르웨이 북단의 군사 기지 상공에 소용돌이 모양과 방출되는 푸른 빛이 촬영되었다. 잠시 후 블랙홀을 연상시

내몽골에 나타난 UFO

키는 검은 구멍이 점점 커졌고, 푸른 빛도 사라졌다.■ 이 이상한 현상에 대해 러시아의 미사일 발사 실패라는 보도가 있었지만 미사일 발사와는 거리가 멀어 보인다.

우주의 크기는 너무 방대해 다른 은하의 행성에서 지구까지는 빛의 속도로도 수백만 년이 걸린다. 따라서 UFO가 웜홀이나 차원 이동을 이용해 시공간을 초월해 다닐 수 있다. 공교롭게도 소용돌이 현상 다음날 러시아와 남미 등에 UFO 출현이 잦았다.

최근 미국 FBI는 웹사이트에서 UFO가 8,000마리가 넘는 소들을 납치했다는 내용의 메모를 공개했다. 다음과 같은 내용이다.

"UFO가 미국 뉴멕시코 등지의 농장에서 젖소들을 납치한 뒤 기괴한 실험을 해 죽이고, 훼손된 시체들을 버렸다. 납치된 암소는 피가 완전히 뽑히거나 신체 기관이 사라지고 훼손된 상태로 버려졌다."

문서에서 1979년 1월 그리핀 벨 요원은 '농부들은 젖소들이 UFO에 납치되는 광경을 목격했으며, 이렇게 사라진 소들이 8,000

■ 관련 동영상 주소는 다음과 같다. youtu.be/1hrWjkn_DHs

노르웨이 상공에 나타난 소용돌이와 푸른 빛의 시작과 끝

UFO가 소를 납치하는 장면

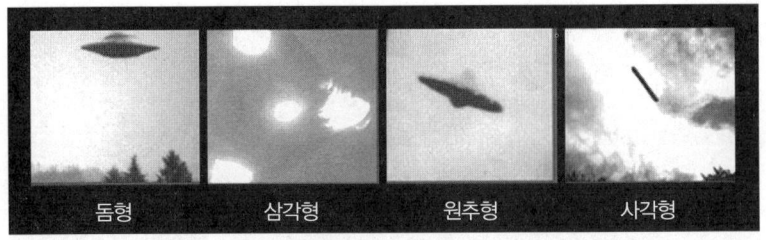

| 돔형 | 삼각형 | 원추형 | 사각형 |

다양한 형태의 UFO

마리가 넘었다.' 면서 '이후 소들이 근처 공터나 지붕 등에서 시체로 발견됐는데 장기 일부가 사라지고 피가 다 사라져 특별한 실험을 한 뒤 버려진 것으로 추정된다.' 고 했다.

최근 들어 세계 곳곳에서 다양한 UFO가 빈번히 목격되고 촬영되고 있다. 만약 UFO가 대규모로 하늘에 나타나거나 침공하기라도 한다면 세계적으로 큰 혼란이 일어날 것이다. 외계의 위협에 분열된 지구촌은 단합하게 되고, 국가와 주권과 개인의 권리를 제한하는 비상 체제가 시행되며, 세계정부 수립은 훨씬 더 앞당겨질 것이다.

우리는 9·11 테러 이후에 미국인들의 사생활 침해가 얼마나 심각해졌는지 직접 목격했다. 미국 레이건 대통령은 다른 행성으로부터 온 다른 생명체에 의한 위협을 여러 번 언급하며, 이를 통해 세계 각국의 차이점들이 신속히 소멸되고, 같은 인간으로서 외계의 위협과 싸우기 위해 연합해야 한다고 주장했다. 다소 영화 같은 이야기처럼 들리지만 역사의 흐름은 이렇게 진행되고 있다.

영화와 문화로 사람들을 준비시키다

근래에 UFO와 외계인에 대한 공포심을 확대시키기 위해 프리메이슨 감독들이 만든 UFO에 의한 무차별적인 지구 침공 영화가 잇따라 개봉하고 있다.

1996년 만들어진 〈인디펜던스 데이〉나 2011년 상영된 〈월드 인베이전〉이 대표적인 '외계인식 묻지마 침공' 영화다. 2010년 개봉한 영화 〈스카이라인〉은 말세의 휴거를 UFO에 의한 납치로 포장했다. 1960년대 NBC에서 방영된 SF TV 드라마 〈스타트렉Star Trek〉의 연출자 진 로든버리Gene Roddenberry는 스코티쉬 프리메이슨 33도이다. 영화 〈스타 워즈Star Wars〉를 감독한 조지 루카스도 프리메이슨인데 영화 속의 요다Yoda는 메이슨 스승이고, 제다이Jedi는 고대 이집트 용어이자 템플 기사단을 연상시키며, '포스Force'는 동양의 기氣를 떠올리게 한다.

진 로든버리   조지 루카스   스티븐 스필버그

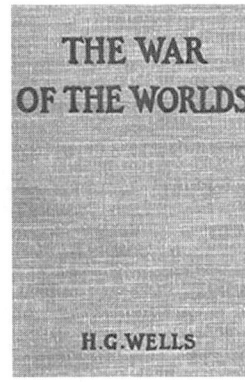

소설 《우주전쟁》(1898)　　　　《우주전쟁》삽화　　　　영화 〈우주전쟁〉(2005)

　　1999년 빌더버그에도 참석했던 프리메이슨 스티븐 스필버그 Steven Spielberg는 〈E.T.〉〈미지와의 조우〉〈맨인블랙2〉〈테이큰〉〈우주전쟁〉〈인디아나 존스 : 크리스탈 해골의 왕국〉 등 수많은 외계인 영화를 감독했다.

　　대부분의 UFO 외계인 관련 영화는 1898년에 발간된 허버트 조지 웰스(1866~1946)■의 공상 과학 소설 《우주전쟁*The War of the World*》으로부터 비롯되었다. 이 소설에서는 둥근 통에 몸을 숨기고 V자

■ Herbert George Wells. 웰스는 1866년 영국 켄트의 브롬리에서 태어났고, 어렸을 때의 불행한 사고로 다리가 부러져 책 읽기에 몰두했다. 프리메이슨인 웰스는 국경이 없는 세계국가를 만들어 민족 간의 싸움을 없애자고 했고, 1905년 점진적 사회주의 단체인 '페이비언 협회'에 가입하였다. 그는 SF 소설의 대부로 불리며, 《타임머신》(1895), 《모로우 박사의 섬》(1895), 《투명인간》(1897), 《우주전쟁》(1898) 등의 작품을 남겼다. 웰스가 우주전쟁을 쓰기 3년 전에 천문학자 퍼시벌 로웰이 화성에 관한 책을 출간했는데, 로웰 자신이 24인치 굴절 망원경을 가지고 관찰한 화성의 모습엔 화성인들이 건설한 것처럼 보이는 운하들이 미로처럼 얽혀 있었다. 이 책이 웰스에게 영감을 주어 머리만 커다랗고 다른 기관들은 모두 퇴화해 버린 기묘한 외모의 화성인의 모습이 그려졌다.

모양의 입과 거대한 2개의 눈, 흉측한 촉수를 가진 화성인이 런던을 습격하여 열선熱線으로 사람들을 죽이고, 도시를 폐허로 만든다. 인간의 피를 수혈하며 살던 외계인은 처음 겪은 박테리아의 부작용으로 희생자가 속출하자 공포를 남긴 채 지구를 떠난다.

"믿어지지 않지만, 오늘밤 뉴저지에 착륙한 이상한 존재는 바로 화성에서 온 침략 부대입니다."

이 라디오 방송이 나가자 당시 미국 사람들은 상당한 공포에 휩싸였다. 어떤 사람들은 장전한 총을 꽉 잡은 채 다락방에 숨고, 또 어떤 사람들은 집에서 도망쳐 나왔다. 1938년 10월 30일에 할로윈 특집으로 나간 이 CBS 라디오 드라마는 첨단 무기로 무장한 화성인이 지구를 침략한다는 웰스의 소설 《우주전쟁》을 각색해 뉴스식으로 내보냈던 것인데, 많은 사람들이 실제 일어난 일로 알고 공황에 사로잡혀 대혼란이 일어난 것이다. 이는 조지 오슨 웰스George Orson Welles가 드라마의 감독, 각본, 제작, 목소리 연기 등을 모두 도맡아서 했다. 그 뒤 《우주전쟁》은 조지 팔에 의해 1953년에 영화화 되었고, 스티븐 스필버그가 감독을 맡아 2005년에도 영화로 제작되었다.

미국 대통령들과 UFO

미국 역대 대통령들은 임기 동안 UFO 관련 문제를 진지하게 검토

1950년 7월, 워싱턴 상공에 일주일간 나타난 UFO 편대

해 왔거나 심지어 외계인과 접촉했다고 러시아 일간 〈프라우다〉지가 전했다.

최근 기밀 해제 된 UFO 관련 문건에 따르면 트루먼 대통령은 1948년 자신의 보좌관에게 미국 내 목격되는 UFO에 대한 보고서를 3개월마다 제출하라는 지시를 내릴 만큼 관심을 보였다. 1950년 워싱턴 상공에 UFO 편대가 출몰했을 때 트루먼은 UFO를 격추하라는 지시를 내리려 했지만 아인슈타인 박사의 자문으로 그렇게 하지 않았다.

1952년 오후 1시 30분경 영국 북동부에서 NATO 함대와 함께 있던 루스벨트 함 오른편에서도 UFO가 목격됐다. 그 비행 물체는 약 10분간 수면 위 30미터 가량에 떠 있다가 날아갔는데 당시 헬기를 타고 현장에 도착한 최고사령관 아이젠하워도 UFO를 목격했다.

지미 카터는 주지사 시절인 1969년 자신이 목격한 UFO 보고서를 민간단체에 넘겼다. 그는 자신이 대통령이 된다면 정부가 보유하고 있는 UFO 정보를 공개하겠다고 공언까지 했었지만, 정작 대통령이 되고 나서 임기가 끝날 때까지 정보를 공개하지 않았다. 로널드 레이건 역시 주지사 시절부터 UFO를 목격했는데 비행기에 탑승하고 있을 때 목격했던 UFO를 노먼 밀러Noman Miller라는 기자에게 언급했다. 그는 '몇 분 동안 하얀 빛을 발하는 UFO와 베이커

스필드까지 함께 비행했다. 놀랍게도 그 비행 물체는 갑자기 하늘로 솟았다.'고 말했다.

레이건은 스티븐 스필버그 감독의 외계인 영화인 〈E.T.〉 시사회 당시 스필버그에게 '당신도 알다시피, 이것이 정말로 사실

로스웰에 비행접시가 추락했다고 보도한 당시 신문

인지 알고 있는 사람은 이 방에 여섯 명도 안 되오.'라고 속삭였다.

1947년 미국 로스웰에 추락한 UFO에 대해 미군은 처음엔 비행접시라고 했다가 나중에 기상 관측 기구라며 사건을 은폐했다. 그러나 로스웰 사건 보고서를 작성했던 미군 장교 월터 하우트는 2005년 12월에 사망하기 전 'UFO는 존재한다.'는 유언을 남겼고, 2007년 그가 남긴 UFO 파일이 언론에 공개되었다. 그는 UFO 잔해는 우리가 본 적이 없는 얇은 금속성 재질이었고, 비행접시의 몸체 길이는 4.5미터, 높이는 1.8미터 정도라고 했다.

외계인의 사체는 얼굴이 크고, 신장은 초등학교 2학년생 정도라고 했다. FBI의 전자문서 공개 웹사이트인 '더 볼트'(vault.fbi.gov)도 그동안 극비 문서들을 공개했는데 로스웰 UFO와 외계인에 대한 기록이 포함되어 있다. 1950년 3월 22일 FBI 특수 요원이었던 가이 호텔Guy Hottel이 FBI 디렉터에게 보낸 문서에는 로즈웰에서의 UFO와 외계인 발견에 관한 내용을 담고 있다. '각 비행 물체에는 인간 형태

TOP SECRET
EYES ONLY
THE WHITE HOUSE
WASHINGTON

September 24, 1947.

MEMORANDUM FOR THE SECRETARY OF DEFENSE

Dear Secretary Forrestal:

As per our recent conversation on this matter,
you are hereby authorized to proceed with all due
speed and caution upon your undertaking. Hereafter
this matter shall be referred to only as Operation
Majestic Twelve.

It continues to be my feeling that any future
considerations relative to the ultimate disposition
of this matter should rest solely with the Office
of the President following appropriate discussions
with yourself, Dr. Bush and the Director of Central
Intelligence.

의 생물체가 3개 있다. 키는 3피트(약 91센티미터)정도다. 그들은 금속성 물질의 옷을 입고 있는데 고속 비행이나 시험비행을 할 때 입는 제복과 비슷하다.'고 적혀 있다.

33도 프리메이슨 트루먼 대통령(좌)
'마제스티 12' 설립인가를 내 준 트루먼 대통령의 문서(우)

로스웰 사건 후 마샬 장군에 의해 1947년 과학자, 군장교, 정부관리 등 12명의 위원으로 구성된 '마제스티 12Majesty 12, MJ 12'가 구성됐다. '마제스티 12'는 UFO 관련사항을 비밀로 하기를 결정했고, UFO 출현에 대한 모든 정보는 '마제스티 12' 위원회로 송부되었다. 비밀을 노출했던 '마제스티 12' 위원 중 한 명인 포레스탈 장군은 해군 병원에 갇혔다가 16층에서 추락사한다. UFO 자료는 대통령에게도 비밀인데 예외적으로 트루먼 대통령은 '마제스티 12'의 설립 허가를 내주었고, 아이젠하워 대통령은 '마제스티 12'의 보고를 받았다. 이후 '마제스티 12'는 대통령이나 의회의 감독을 받지 않고 스스로 임기를 연장해 나갔다.

'마제스티 12' 위원회가 형성된 지 6개월 만에 처음으로 UFO와 외계인을 연구하기 위한 공식적인 계획인 '프로젝트 싸인'이 시작되었고, 이것은 1948년에 '프로젝트 그럿지'가 되었으며, 최종적으로 '프로젝트 블루북'이 되었다. '마제스티 12' 위원은 외계인과 협

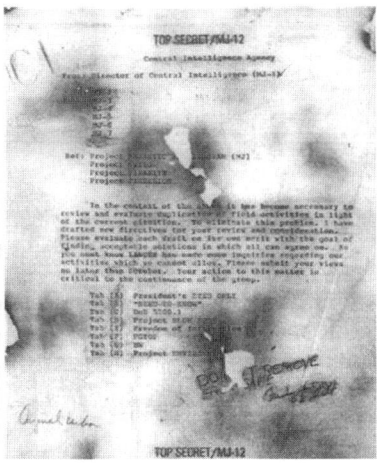

케네디 대통령　　　　　　　　　불탄 CIA 문서

상을 벌여 외계인이 인간과 동물을 납치해 실험하고 지하 기지를
이용하게 하는 대신 첨단 기술(레이저, 광섬유, 집적회로 등)을 이전받기
로 합의한다. 비밀 기지인 '에어리어 51$^{Area\ 51}$'에서는 1950년대부
터 UFO 기술을 도입한 비행기 실험이 시작되었다. '마제스티 12'
관련 문서의 진위 논란이 있었지만 미국국립공문서관에서 1985년
'마제스티 12' 관련 문서가 발견되면서 진실임이 확인되었다.

　미 중앙정보국^{CIA}은 1963년 11월 12일 UFO 관련 문건 열람을
요구한 케네디의 서한을 2011년 공개했다. 이는 작가 윌리엄 레스
터가 '정보공개법^{FOIA}'에 따라 공개를 요구했기 때문이다. 케네디가
문서 열람을 요구한 날이 암살당하기 10일 전이었기 때문에 존 F.
케네디 대통령이 암살당한 것은 당시 미확인비행 물체^{UFO}와 관련된
1급 기밀문서 열람을 요구했기 때문이라는 주장이 제기됐다. 레스

터는 '케네디가 UFO에 관심 갖게 된 것은 대對소련 관계 때문이었으며, 소련 상공에서 UFO가 자주 목격되는 판에 소련이 이를 미국의 침공으로 오해하지 않을까 염려했던 것'이라고 주장했다. ■

CIA의 불에 탄 메모를 유출한 이는 1960~1974년 CIA에 몸담았던 인물로, 그는 CIA가 매우 민감한 문서를 소각할 때 이를 몰래 빼냈다고 한다. 여기서 '랜서'는 케네디의 암호명이다. 타다가 만 문서 첫 페이지에 CIA 국장은 '명심해야 할 것은 랜서가 우리의 활동과 관련해 우리로서는 도저히 받아들일 수 없는 몇 가지를 요구했다는 점이다(CIA국장의 말).'라고 적혀있다. CIA 국장은 대소련 협력 등 케네디의 요구를 CIA의 존폐가 걸린 중대 사안으로 간주한 것이다. 이를 통해 케네디가 UFO정보에 대해 공개를 요청하고 CIA를 개혁하려 하자 CIA가 그를 암살할 수밖에 없었다는 정황을 알 수 있다.

그들이 나타나는 방식 :
장래에 추진될 3단계 비밀 계획

도쿄 디즈니랜드 '혼티드'(귀신 들린) 맨션에는 홀로그램으로 만든 유령이 돌아다녀 사람들을 놀라게 한다. 레이저 파동의 간섭 현상을 이용한 홀로그램 기술로 재림 예수나 UFO 이미지를 하늘에

■ 레스터는 《존 F.케네디와 뉴 프런티어 *A Celebration of Freedom: JFK and New Frontier*》라는 제목의 책을 집필했다.

도쿄 디즈니랜드 내에 있는 "혼티드맨션"
크리스마스 악몽 유령들이 홀로그램으로 돌아다닌다.

환상적인 모습으로 춤추는
홀로그램 사람들

띄워 혼란을 유도할 수도 있다. 이미 미군에선 '블루빔 프로젝트'라 하여 공습 시 가짜 전투기 이미지를 상공에 띄워 적진을 교란시키고 있다. 레이더에 안 잡히지만 눈에는 보이는 홀로그램 전투기에 적들이 대공포를 쏘다 포기하면 역시 레이더에 잡히지 않으면서도 눈에는 보이는 스텔스 전폭기를 투입하는 방식이다.

NASA에서 유출된 4단계 블루빔 프로젝트는 다음과 같다.

❶ 새로운 고고학적 발견인 것처럼 위장해 모든 종교 교리가 잘못 해석되었음을 증명한다.

❷ 지구 전역의 하늘에서 거대한 3차원 홀로그램 쇼를 벌이고, 신의 형상을 보여준다.

❸ 사람들에게 심리 조종이 가능한 초저주파를 방사해 마음속에서 신의 음성을 듣는 것처럼 느끼게 한다.

❹ 초자연적인 기적과 UFO 출현을 전 세계에 보여주고, 모든 사람에게

마이크로칩을 삽입한다.

1970년대 중반 미 항공우주국 로켓 과학자 베르너 폰 브라운 Wernher von Braun 박사의 대변인으로 활동했던 캐럴 로신Carol Rosin 박사는 30여 년 동안 미군과 정보국 등에서 폰 브라운 박사와 함께 일한 경력을 가지고 있다.

그녀는 1974년에 폰 브라운 박사로부터 장래에 추진될 3단계 비밀 계획인 '이념과의 전쟁, 테러와의 전쟁, 그리고 외계와의 전쟁'에 관한 상세한 이야기를 들었다. 로신 박사에 따르면 폰 브라운 박사는 장차 막강한 세계정부가 지구를 항구적으로 지배하기 위해 '스타워즈' 프로그램을 추진하게 될 것이라며 우려했다.

장차 소련이 우주 개발을 시작하면 대기권 지배를 놓고 미국과 이념 전쟁이 일어나고, 그 다음 테러와의 전쟁은 테러 지원국들의 도발 책동 때문에 일어나며, 마지막 외계와의 전쟁은 세계정부에 의한 거짓 외계인 침공으로 공포를 조장하기 위해 발생할 것이라는 주장을 폈다.

2008년 러시아에 나타난 십자가 형상
(http://youtu.be/63AVCxbcTvo)

로신 박사가 2001년 '디스클로저 프로젝트'(UFO 외계인 비밀 폭로 전문가 모임)에서 발표한 바에 의하면, 폰 브라운 박사는 1970년대 당시 이미 핵과 같은 심각한 피해를 초래하는 각종 생화학 및 바이러스 무기 등에 관한 정보를 가지고 있었고, 석유 연료가 필요 없이 전자빔beam을 사용해 상공에 떠서 다니는 무중력 에너지 신기술에 관한 정보도 가지고 있었다고 했다.

캐럴 로신 박사와 폰 브라운 박사

이 같은 증언에 대해 디스클로저 프로젝트를 주도한 스티븐 그리어 박사는 세계를 지배하고 있는 세력들은 UFO의 실체를 숨기고 있으며 장차 9·11 테러가 아무것도 아니게 보일 정도로 외계인의 침공으로 위장된 대참사를 준비 중인 것으로 예측했다. 그는 외계와의 전쟁은 실제로 외계인들이 인류를 공격하는 것이 아니지만 인류를 공포로 계속 통치하기 위한 수단으로 사용될 것이라고 말했다. ■

■ 이와 관련해 성경은 이같이 경고하고 있다.

그때에 누가 너희에게 이르되, 보라, 그리스도가 여기 있다, 하거나, 저기 있다, 해도 그 말을 믿지 말라. 거짓 그리스도들과 거짓 대언자들이 일어나 큰 표적들과 이적들을 보여 할 수만 있으면 바로 그 선택 받은 자들을 속이리라. _마태복음 24:23-24

그 사악한 자가 오는 것은 사탄의 활동을 따라 모든 권능과 표적들과 거짓 이적들과 불의의 모든 속임수와 함께 멸망하는 자들에게로 오는 것이니 이는 그들이 진리의 사랑을 받아들이지 아니하여 구원을 받지 못하였기 때문이라. 이런 까닭에 하나님께서 그들에게 강한 미혹을 보내사 그들이 거짓말을 믿게 하시리니 이것은 진리를 믿지 아니하고 불의를 기뻐한 그들 모두가 정죄를 받게 하려 하심이라. _데살로니가후서 2:9-12

"우리의 비밀을 밝힌다.

우리가 유일무이한 종교를 가진 척했던 것은

기독교를 비롯한 모든 종교를 없애기 위해서다.

목적은 수단을 정당화 한다는 것을 기억하라.

사악한 자가 악한 일을 할 때 수단과 방법을 가리지 않듯

현자도 선한 일을 하기 위해서는 모든 방법을 강구해야 한다.

이는 비밀결사에 의하지 않고서는 달리 이루어질 수 없다.

이 교단의 특별한 목표는 기독교를 말살하는 것이고

모든 시민 정부를 전복하는 것이다."

_이담 바이스하우프트, 1776년 5월 1일 (Adam Weishaupt, 일루미나티의 창시자)

CHAPTER 7

종교통합운동

종교통합의 물결

신세계질서의 핵심 목표 중 하나는 세계종교통합이다. 2000년 8월 UN 본부에서 13개 종교 대표들이 세계종교 화합을 명목으로 모였다.

이 모임에 한국 대표로 기독교는 강원용 목사, 불교는 고은 시인 등이, 그리고 미국 대표로 빌리 그레이엄 목사의 딸 앤 그레이엄 럿츠^{Anne Graham Lotz}가 참석했다. 풀러신학교의 리처드 마우 총장은 2011년 4월 8일, 자신의 블로그에 '힌두교인도 불교도도 예수를 구주로 영접하지 않고 천국에 가는 경우도 있다. 이 입장은 나뿐만 아니라 알버트 말러 총장(남침례교 신학교)도 마찬가지라고 생각한다.'

2002년 태국에서 열린 세계종교대표들의 모임(2002. 6. 12)

는 내용의 글을 올려 종교 다원주의를 인정하고 있음을 드러냈다.

WCRL^{World Council of Religious Leaders}(세계종교지도자위원회)는 UN의 평화 정책을 위해 종교적 역량을 지원하는 단체다. 위원회는 2002년 6월 방콕에서 시작되었는데 참석자들은 종교 분쟁을 줄이고 인류의 당면 문제 해결을 위한 헌장을 채택했다. 이들은 모든 종교가 평화와 상호 이해를 추구한다는 데 의견이 일치했다. UN은 인류의 단합을 위해 WCRL의 종교적 역할을 지원할 예정이다.

1994년 12월, 인도 델리에서 종교연합기구^{URO : United Religion Organization}가 시작되었다. 종교연합기구는 종교계에서 UN역할을 하도록 고안되었는데, 이 기구의 목표는 세계 평화와 지구의 신성함을 보호하는 것이다. 이를 지원하는 캘리포니아 성공회 주교인 윌리엄 스윙^{William Swing}은 1995년 6월 UN 창립 50주년을 기념하기 위해 샌프란시스코에 있는 성공회 성당에서 열린 예배에서 종교연합기구의 원안을 공개했다.

이 예배엔 종교 명사들은 물론 전 세계에서 온 정치 지도자들도 함께 참석했다. 예배 중에 온갖 종류의 신들에게 찬가와 기도가 드

UN을 중심으로 한 종교통합운동　　　　　월리엄 스윙 주교

려졌고, 여러 문화권에서 온 아이들이 갠지스 강과 홍해와 루드(성모 마리아가 성 버너뎃에게 나타났다고 하는 프랑스의 한 마을)에서 가져온 성 스러운 물을 '위대한 통일의 사발'에 섞어 부었다. 이것들과 함께 대지의 여신 '가이아를 위한 생태신학 미사 연주회the eco-theological Mass Gaia concert' 가 시작되었다. 스윙 주교는 종교연합기구가 빛이 절 박하게 필요한 이 세상에 '세계의 영적 전통의 빛the light of the world's spiritual traditions' 을 가져다 줄 것이라고 주장했다.

종교연합기구는 2000년부터 종교연합계획URI : United Religions Initiative으로 변형되었는데 URI는 샌프란시스코에 본부를 두고 전 세계 78개국에 기반을 가진 종교 간 화합 조직이다. 그러나 URI의 궁극적인 목표는 사람들을 단일종교의 우산 아래로 끌어들 여 그들이 단일정치체제 하에 들어갈 수 있도록 만드는 것이다. 종교통합운동의 지

URI(www.uri.org) 로고

지지들은 종교연합기구의 존재에 대해 반대하는 사람들이 있다는 것을 인정한다. 가장 비타협적인 저항 세력은 근본주의자들이 될 것이다. 전 UN 부사무총장 로버트 뮬러^{Robert Muller}에 의하면 그러한 근본주의자들은 완고한 믿음 체계에 집착하고, 전 세계에 갈등의 불을 붙이는 자들이다. 그는 계속해서 '이 지구의 건강과 숭고함에 충성을 다짐하는 종교연합을 통해 근본주의를 무력화시키지 않는 한 평화는 불가능하다.'고 말했다.

사탄 숭배자들, 종교통합의 기수가 되다

신지학회 3대 회장인 앨리스 베일리^{Alice Bailey}(1880~1949)에 의해 설립된 출판사 '루시스 트러스트^{Lucis Trust}'는 뉴에이지 도서를 출간하고, UN 경제사회이사회^{ECOSOC}에 속해 있으며, 본부는 월스트리

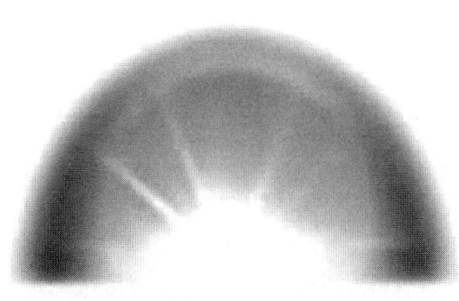

루시스 트러스트   앨리스 베일리

트에 있다. '루시스 트러스트'의 원래 이름은 '루시퍼 트러스트'였는데 악마 이름에 대한 논란 때문에 개명한 것이다. 베일리는 루시퍼가 참 신이며 성경의 하나님은 신을 사칭한 존재라고 생각했다. 그녀는 루시퍼가 인류에게 깨달음을 가져다주는 영적 지식의 신비로운 존재임을 믿었다.

베일리의 신은 루시퍼로 불리기도 했지만 사나트Sanat로 불리기도 했는데, 사나트는 사탄Satan의 숨겨진 이름이다. 베일리는 물병자리의 시대가 도래하고, 해묵은 교리적 종교와 모든 분열은 뉴에이지에 길을 만들기 위해 길을 비켜야 한다고 말했다. 그녀는 '신세계 질서'로 이어질 '우주적 세계종교'가 도래할 것이라고 주장했다. 베일리는 또한 궁극적으로 교회의 '재건Regeneration'이 있을 것이며, 그 교회는 뉴에이지 개념을 포용하고 온 세계에 '깨달음Illumination'을 가져올 것이라고 가르쳤다.

루시스 트러스트는 기독교 단체를 통해 세계종교의 통합운동을 추진하고, 뉴에이지 단체를 통해 신비주의 사상을 확산시키며, 교육계를 통해서는 자아 발견과 자기 계발로 인간의 신격화를 추진하고 있다. 현재 루시스 트러스트는 UN, 그린피스, 앰네스티, 유니세프 등의 지원을 받고 있다.

WCC와 종교통합운동의 실체

세계교회협의회WCC : The World Council of Churches는 110개국, 349개

교단, 5억 6천만 명이 가입된 세계 최대 기독교 단체다. 7년(혹은 8년)마다 열리는 WCC 총회가 2013년에는 부산 벡스코에서 개최된다. 이 행사에 한국 장로교, 감리교, 성결교, 루터회, 가톨릭 등 거의 모든 교단이 참여할 예정이다.

WCC 총회준비위원회 위원장은 김삼환 목사가, 부위원장은 박종화 목사가 맡고 있다. 지난 9차 브라질 총회에선 기독교 연합 일치, 예전 의식 일치, 사회 경제 정의, 종교다원화, 청소년 폭력 등을 논의했다. 종교 간 화합과 사회 참여로 세계 평화에 이바지하자는 것인데 신세계질서의 종교통합에 이용될 여지가 있다. WCC의 에큐메니컬 운동(교회의 연합과 일치를 위한 운동)은 기독교의 본질보다는 초자연적 현상과 생명 공동체, 사회 윤리, 공동선교, 지구촌 문제 등을 해결하는 데 초점을 맞추고 있다.

1948년 암스테르담 총회부터 본격적인 활동에 들어간 WCC는 1968년 웁살라 총회 때부터는 사회 참여와 사회 정의 실현을 선교과제로 삼았다. 5차 나이로비 총회(1975년)에서는 구원의 복음과 선교에 대한 성경 교리를 '해방'이라는 말로 재정의하였고, 예수 그리스도를 해방자로 묘사하여 해방 신학자들의 환영을 받았다. 이 총회에는 드디어 로마가톨릭, 불교, 힌두교, 이슬람교, 유대교 등이 참석하여 혼합주의 색채를 드러내기 시작했다.

6차 밴쿠버 총회(1983년)는 소련 및 동구 공산권 대표들까지 참석하여 마르크스주의적 사회주의 비전을 높이고 타종교와의 대화를 모색하며, 타종교도 하나님께로 가는 또 다른 길임을 인정한 총회였다.

WCC 총회에서 공연된 다양한 이교 의식

7차 캔버라 총회(1991년)에서는 가톨릭, 힌두교, 이슬람교, 불교 외에도 점술가, 심령술사, 마술사, 무당 등을 포함한 세계의 15개 종교 지도자들을 초청하는 대규모 종교 혼합 집회를 갖고, 세계종교의 통합과 단일성을 외쳤다.

《300인 위원회》의 저자 존 콜먼은 WCC가 종교통합을 위한 프리메이슨의 하부 조직이라고 주장한다. WCC 주요 역대 총장들이 프리메이슨인데 WCC 초대 총장 존 모트^{Dr. John Mott}는 데이비드 록펠러의 후원으로 성장한 인물이다.

1946년부터 1954년까지 WCC 총장이었던 지오프리 피셔^{Geoffrey Fisher}는 영국 성공회 켄터베리 대주교이자 프리메이슨이었다. 그는 종교개혁 이후 로마 교황을 공식 방문한 영국 성공회의 첫 수장이다. WCC의 모체가 되는 세계복음주의연합^{WEF : World Evangelical Fellowship}은 1846년 프리메이슨 본부인 영국 연합 그랜드 로지에서 태동되었다.

대한예수교장로회합동(예장합동)은 4월 27일, 총회장 김삼봉 목사

교황청에서 한국 종교 지도자들이 교황과 함께 찍은 사진

와 총신대·광신대·대신대 총장 및 WCC 대책위원장 등의 명의로
〈기독신문〉에 성명서를 발표했다. 이들은 먼저 한국 교회 안에 종
교 혼합주의가 유입돼 교회 정체성이 사라지고 변질되는 것을 심각
하게 우려한다고 했다.

특히 WCC는 자유주의적인 교단이 참여한 '종교 기구'로, WCC
제10차 총회는 '세속주의, 다원주의, 혼합주의를 지향하는 국내 일
부 교단의 합작품'이라고 평가했다. 예장합동은 한국기독교교회협
의회[NCCK] 신임회장 이영훈 목사(여의도순복음교회)가 'WCC는 지극히
복음적이며 보수적'이라고 했던 발언을 반박, 'WCC는 복음적이지
도, 보수적이지도 않다.'고 했다. 그 이유로는 성경의 무오성 부인,
정통 삼위일체론과 기독론 거부, 변질된 성령론 주장, 개인 영혼 구
원의 중요성 간과, 종교 다원주의 신학에 근거, 동성애 용인, 복음

전도와 선교를 통한 구원의 간과 등의 문제가 있기 때문이라고 주장했다.

더욱 가속화되는 종교통합의 물결

세계복음연맹^{WEA}과 세계교회협의회^{WCC}와 교황청이 스위스 제네바 WCC 본부에서 2011년 6월 28일 공동의 선교 문서, '다종교 세계에서의 기독교 증거^{Christian Witness in a Multi-Religious World}' 를 발표했다. ■

이는 기독교 역사상 최초로 복음주의와 에큐메니컬 진영, 그리고 로마 가톨릭이 공동으로 집필하고 채택한 문서로, 다종교 세계 속에서 기독교인으로서 당연히 지켜야 할 윤리적 의무를 밝히고 있다. 문서는 5년간 WEA와 WCC, 그리고 교황청 종교간대화평의회 PCID : Pantifical Council for Interreligions Dialogue간 협력의 결과물이다.

WEA와 WCC, 교황청은 이 문서를 공식적으로 채택하고 회원들

■ 총 4쪽 분량의 이 문서는 서론에서 교회의 본질은 하나님의 말씀 전파에 있음을 천명하며, 이어서 복음전도에 임할 때 하나님의 사랑을 실천하고, 예수 그리스도의 모범을 따르며, 도덕에 적합하게 행동하며, 섬김과 정의를 실천하며, 치유 사역에 있어서는 분별력을 가지며, 폭력을 배제하며 종교 자유를 수호하며 상호 존중과 협력의 자세를 가지며 다른 종교와 문화의 사람을 존중하며 다른 종교에 대해 거짓증거 하지 않으며 개종시키는 행위에 있어 분별력을 갖고 다른 종교와 관계를 증진 하는 것의 총 12개의 원칙을 제시한다.

문서는 교회와 선교 단체, 특히 이들 단체들의 종교 간 관계 사역자들을 향해 문서의 연구와 타 종교와의 대화 지속, 타 종교에 대한 이해 증진 및 기독교적 정체성 강화와 타 종교 단체들과의 범종교적 시민단체 활동에의 협력, 종교자유 확대를 위한 대정부 활동 및 선교로서의 기도까지 총 6개의 지침을 따를 것을 권장하고 있다.

교황청 종교간대화평의회PCID 회장 장 루이 토랑 추기경(좌),
울라프 트비트 WCC 총무(중),
제프 터니클리프 WEA 대표(우)

에게 권장할 전망이다. 이로써 전 세계 교회는 선교에 관한 공동의 행동 규범을 갖게 되는 셈이다. WEA는 전 세계에 6억여 회원을, WCC는 5억 6천여 회원을 두고 있으며 현재 로마 가톨릭 교인 수는 11억에 이른다. 세 기구가 함께 대표하는 교인수는 기독교 전체의 90퍼센트에 달한다.

종교통합운동을 지원하고 있는 UN

'이해의 사원TOU : Temple of Understanding'은 종교 간 평화를 위해 설립된 비정부조직 NGO로 UN의 자문 기관이다. 1960년에 설립된 TOU(www.templeofunderstanding.org)는 종교 간 화합을 도모하고, 초교파 교육을 시행하며, 유엔의 종교 정책을 리드한다.

TOU는 각 종파의 대표들로 이뤄진 상위 모임에 의해 지원되는데 이 중에는 가톨릭 교황과 달라이 라마가 포함되어 있다. 1975년엔 종파 간 정상회담이 UN에서 열렸고 가톨릭을 대표해 테레사 수

UN의 '이해의 사원' 회의실   UN 명상실

녀가 참여했다. TOU의 목적은 종교적 다양성을 이해시키고, 건설
적인 사회 변화를 촉진하며, '세계 시민의식Global Citizenship'을 교육
하는 데 있다.

뉴욕의 UN 본부에 있는 명상실 밑면은 피라미드와 비슷한 사다
리꼴 모양을 하고 있다. 이 이교적인 시설의 관리는 '루시스 트러스
트'가 맡고 있고, 재정은 록펠러 가문에서 지원한다. 명상실 가운데
놓인 4피트(약 1.2미터) 높이의 평석은 자성을 지닌 자철광이다. 명상
시 자기력은 지구로부터 나오는 고차원적인 에너지를 증대시킨다.
명상실 벽화에는 삼각형, 사각형, 피라미드, 검은 태양, 초승달, 나
선형 띠 등 오컬트 상징이 가득하다.

"겉으로 보기엔 자연스러운, 하지만 의도적인 문제를 일으키고,

혼란과 공포를 조성한 다음, 제안을 제시하면, 원하는 대로 국가를 이끌 수 있다.

공포와 혼란으로 인해 장님이 된 국민들은

자기들의 권리를 스스로 기꺼이 상납하게 된다.

어떻게 아냐고? 내가 이렇게 했기 때문이다. 그리고 내가 시저이기 때문이다."

_줄리어스 시저 (Gaius Julius Caesar, BC 100.7.12~BC 44.3.15)

CHAPTER 8

세계정부 통치자, 적그리스도

적그리스도의 등장과 짐승의 표

세계정부의 통치자 적그리스도는 혼돈의 시대에 능력을 발휘해 위기를 해결하고 대중의 지지 속에 기존의 정치 권력을 몰아낼 것이다. 그는 중동에서의 분쟁을 종식시키고, 7년 동안 평화 조약을 맺게 할 것이다. 그는 거짓 선지자의 우상화로 신으로 등극해 예루살렘 성전에 앉아 경배 받을 것이다. 머리에 치명적인 상처를 입고도 기적적으로 살아난 적그리스도는 자신을 경배하지 않는 유대인과 기독교인을 핍박하고, 모든 사람에게 짐승의 표를 삽입해 감시할 것이다.

기독교에서는 혼돈의 시기에 나타나는 적그리스도가 유대인과

루카 시뇨렐라의 〈적그리스도의 설교〉
예수를 흉내 낸 모습의 적그리스도가 사탄의 말에 귀를 기울이고 있다

기독교인들을 죽이고 박해하는 인물로 묘사되고 있는 반면에 이슬람에서는 마지막 때에 12번째 이슬람 이맘(지도자) 마흐디^{Mahdi}가 나타나 세계를 이슬람화하는 것으로 묘사한다. 그런데 공교롭게도 두 인물 모두 이스라엘과 평화 조약을 맺고, 성전 건축을 하며, 이스라엘을 침략하면서 자신에 뜻에 따르지 않는 자들을 죽이는 자로 묘사되고 있다.

즉, 기독교의 적그리스도는 이슬람의 구원자로 받아들여질 것이다. 이란 정부는 홍보 영상을 통해 현 중동 정세로 보아 마흐디 출현이 임박했다고 알리고 있다. 그들은 이란이 중국과 러시아의 도움으로 미국과 이스라엘을 패배시키면 세계를 통치할 마흐디가 임할 것으로 보고 있다.

히틀러는 말세 적그리스도의 예표적인 인물인데 신처럼 우상시 되었고, 유대인을 핍박했을 뿐만 아니라 포로들의 팔에 개인 ID를 문

'마흐디'의 출현이 임박했다는 이란 비디오

신으로 새겼다. 히틀러는 포로 관리를 위해 개인 ID와 IBM의 천공 카드 시스템을 이용했고, 적그리스도는 사람들의 통제를 위해 베리 칩과 슈퍼컴퓨터를 이용할 것이다.

'IBM 크레딧'사는 베리칩을 생산하는 '어플라이드 디지털 솔루션스Applied Digital Solutions'사의 원류가 되는 회사다. 나치는 로마와 같이 제우스를 상징하는 독수리 모형을 앞세웠고, 적그리스도도 자신을 제우스로 여기며 동상을 만들어 섬기게 할 것이다.■ CFR 회원

■ 육십이 이레 후에 메시아가 끊어질 터이나 자기를 위한 것은 아니니라. 장차 임할 통치자의 백성이 그 도시와 그 성소를 파괴하려니와 그것의 끝에는 홍수가 있을 것이며 또 그 전쟁이 끝날 때까지 황폐하게 하는 것이 작정되었느니라. 그가 많은 사람과 한 이레 동안 언약을 확정하리니 그가 그 이레의 한중간에 희생물과 봉헌물을 그치게 하며 또 가증한 것들로 뒤덮기 위하여 심지어 완전히 끝날 때까지 그것을 황폐하게 할 것이요, 작정된 그것이 그 황폐한 곳에 쏟아지리라, 하니라.
_다니엘 9:26-27

그는 대적하는 자요, 하나님이라 불리거나 혹은 경배 받는 모든 것 위로 자기를 높이는 자로서 하나님처럼 하나님의 성전에 앉아 자기가 하나님인 것을 스스로 보이느니라. _데살로니가후서 2:4

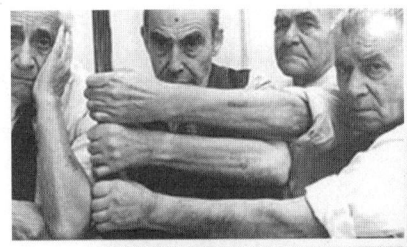

독일 수용소에서 강제로
개인ID를 받은 유대인

팔에 로마자를 문신한 CFR 회원
안젤리나 졸리

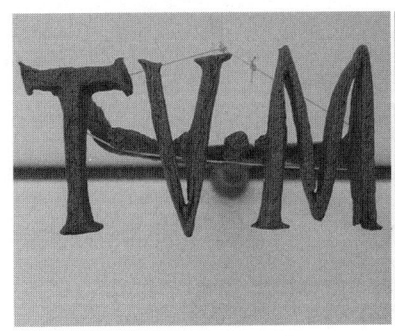
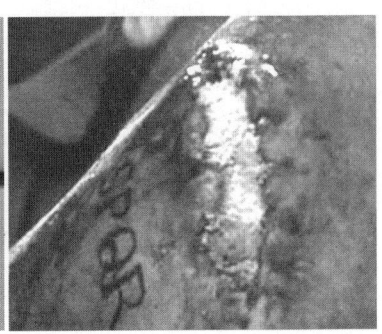

로마시대 화인

영화 〈글래디에이터〉에 나온 로마군인 문신

인 안젤리나 졸리는 팔에 로마자 문신을 했는데 이는 자신이 노예
임을 표시하는 것이다.

　로마 군인이 소속 부대의 표식을 몸에 새기는 것은 풍습이자 법
제화된 의무였다. 로마의 노예와 가축, 군인들은 불에 달군 쇠로 자

신의 소속이나 주인의 상징을 몸에 새겼는데, 이러한 인 또는 표식을 그리스어로 스티그마Stigma라고 했다. 스티그마는 노예와 군인뿐만 아니라 특정 종교의 신자들도 자신들이 믿는 신에게 속한다는 표식으로 스스로 인을 받기도 했다.

그리스어에서 숫자 표기는 그리스어 알파벳을 사용한다. $\alpha=1$, $\beta=2$, $\gamma=3$, $\delta=4$, $\varepsilon=5$ 이런 식이다. 그런데 이상하게도 그 다음 문자인 ζ(zeta)은 6이 아닌 7을 나타내며 6을 표시하는 데에는 스티그마 라는 문자가 사용되었다. '스티그마' 라는 단어는 찌르다 또는 달군 쇠로 화인을 찍는다는 의미의 stizo에서 유래한다. 6(짐승의 숫자)을 나타내는 스티그마는 몸에 찌른다는 점에서 주사기로 삽입하는 베리칩과 연계된다.

적그리스도의 통치 계획

성경에서 적그리스도는 일곱 머리 열 뿔을 가지고 있는데 일곱 머리는 지금까지 이스라엘을 대적하여 중동 지역을 다스렸던 나라를 의미한다. ▪

즉 이집트, 앗시리아, 바빌론, 페르시아, 그리스, 로마를 말하는데 마지막으로 부활한 로마제국(유럽연합)이 나타난다. 열 뿔은 열 왕

▪ 내가 바다의 모래 위에 서서 보니 바다에서 일곱 머리와 열 뿔을 가진 한 짐승이 올라오더라. 그의 뿔들 위에는 열 개의 관이 있고 그의 머리들 위에는 신성모독하는 이름이 있더라. _요한계시록 13:1

을 의미하는데, 현재 유럽연합은 27개국이다. 그런데 유럽연합의 실제 권한은 서유럽연합^{WEU : Western European Union}에 있다. 그리고 WEU는 10개국으로 벨기에, 프랑스, 독일, 그리스, 이태리, 룩셈부르크, 네덜란드, 포르투갈, 스페인, 영국이다.

적그리스도는 먼저 WEU(10개 국)의 지지 속에 등장하여 유럽연합을 통솔하고, 3년 반 동안 전 세계를 10블록화 해서 다스릴 것으로 예상된다. 그 10개 지역은 아래와 같다.

CFR에서 오랫동안 연구하여 나온 세계화 통합 전략은 세계를 10개 분야로 구분하여 각 분야별로 책임국가를 설정하고 그곳에서 나온 정책을 세계적으로 표준화하여 종국에는 단일사회로 통합하는 것이다. ■

이중에서 한국은 '교육 질서'를 담당하고 있어서 오바마 대통령이 한국 교육을 여러 번 과도하게 칭찬하고 있다.

10개 지역

- 제1지역= 북미주
- 제2지역= 중남미(라틴 권)
- 제3지역= 서태평양
- 제4지역= 오세아니아(대양주)
- 제5지역 : 서유럽(구 자유주의 권)
- 제6지역 : 동유럽(구 사회주의 권)

■ 이들이 한 생각을 가지고 자기들의 권능과 힘을 그 짐승에게 주리라. _요한계시록 17:13

- 제7지역 : 중동지역(모슬렘, 아랍권)

- 제8지역 : 중앙아프리카(모슬렘권 제외)

- 제9지역 : 아시아(히말라야 산맥 남쪽)

- 제10지역 : 중앙아시아(히말라야 산맥 북쪽)

분담과 책임국 ▪

- 제 1지역 : 신세계 정치 질서- 미국

- 제 2지역 : 신세계 농업 질서- 칠레

- 제 3지역 : 신세계 교육 질서- 한국

- 제 4지역 : 신세계 환경 질서- 호주

- 제 5지역 : 신세계 경제 질서- EU(영,불,독,이)

- 제 6지역 : 신세계 노동 질서- 폴란드

- 제 7지역 : 신세계 에너지 질서- 아랍연합(UAE)

- 제 8지역 : 신세계 사회 질서- 남아공

- 제 9지역 : 신세계 통신 질서- 인도

- 제 10지역 : 신세계 산업 질서- 카자흐스탄

▪ 1979년, 상원 의원 배리 골드워터(Barry Goldwater)는 자신의 책 126쪽에서 "외교관계협의회 (CFR)는 영국의 왕실국제연구소의 태평양지부 역할로서 나라와 경계선을 없애고 단일정부체제를 위해 설립한 것이다."(The Council on Foreign Relations is the American branch of a society with organized in England (and) believes national boundaries should be obliterated and one world rule established.)라고 설명했다.

적그리스도는 어디에서 나올까

유럽연합 포스터를 보면 거꾸러진 오각별과 바벨탑(EU 의회 모양도 바벨탑)과 여러 언어가 하나 되자는 구호를 볼 수 있어 유럽연합은 스스로 하나님을 대적함을 알 수 있다.

적그리스도가 유럽에서 나온다면 영국 왕실에서 나올 가능성이 크다. 영국 왕실은 전 세계 프리메이슨의 수장이고, 유대 혈통을 주장하고 있다. 영국 런던 내에 있는 금융 중심지인 '시티 오브 런던^{City of London}'의 문장紋章을 보면 템플 기사단 상징과 비슷한 '레드 크로스^{red cross}'가 그려진 방패 양쪽에 용 두 마리가 있고■, 아래 리본에

| 유럽연합 포스터 | '시티 오브 런던'의 문장(紋章) |

■ 마귀요 사탄인 그 용 곧 저 옛 뱀을 붙잡으니라. 그가 그를 붙잡아 천 년 동안 결박하여. _요한계시록 20:2

는 라틴어로 'Domine dirige nos.' 라고 씌어 있는데 이는 '신이여, 우리를 인도하소서.' 라는 뜻이다. 이것은 용으로 상징된 사탄을 따른다는 의미다. 방패 안에는 사탄교에서 쓰는 거꾸러진 십자가도 보인다. 영국 왕실은 원래 독일계 혈통Saxe-Coburg and Gotha(작센코부르크고타 공국)인데 1차 세계대전 중 독일에 대한 영국 국민들의 감정이 악화되자 1917년 왕실 이름을 영국계 '윈저 가문' House of Windsor 으로 바꾸었다.

영국 왕실은 오컬트 의식과 관계가 깊고, 왕실 정보기관인 MI-6는 일루미나티를 위해 마약 사업을 벌이고 있다. 1840년 아편을 금수한 중국과 아편 전쟁을 벌였던 영국 왕실로서는 당연한 일이다.

영국 찰스 황태자의 공식 문장을 보면(298쪽 그림) 방패 좌우에 왕관을 쓴 사자와 유니콘이 그려져 있고, 아래에는 '타조깃털 3개' 와 '붉은 용' 이 그려져 있다. 왼쪽의 사자를 자세히 보면 표범의 몸과 곰의 발과 사자의 입을 하고 있어 요한계시록 13장 2절의 적그리스도 예언과 일치한다. ■ 오른쪽 유니콘은 쇠사슬에 매어 있는데 요한계시록 20장 1~2절의 천사에게 쇠사슬로 잡힌 사탄을 상징한다. ■■

중앙의 하프는 다윗의 하프(수금)을 의미한다. 아래 리본에 적혀

■ 내가 본 그 짐승은 표범과 비슷하고 그의 발은 곰의 발 같으며 그의 입은 사자의 입 같은데 용이 자기의 권능과 자기의 자리와 큰 권세를 그에게 주었더라. _요한계시록 13:2

■■ 또 내가 보니 한 천사가 바닥없는 구덩이의 열쇠와 큰 사슬을 손에 들고 하늘로부터 내려와 마귀 요 사탄인 그 용 곧 저 옛 뱀을 붙잡으니라. 그가 그를 붙잡아 천 년 동안 결박하여 _요한계시록 20:1-2

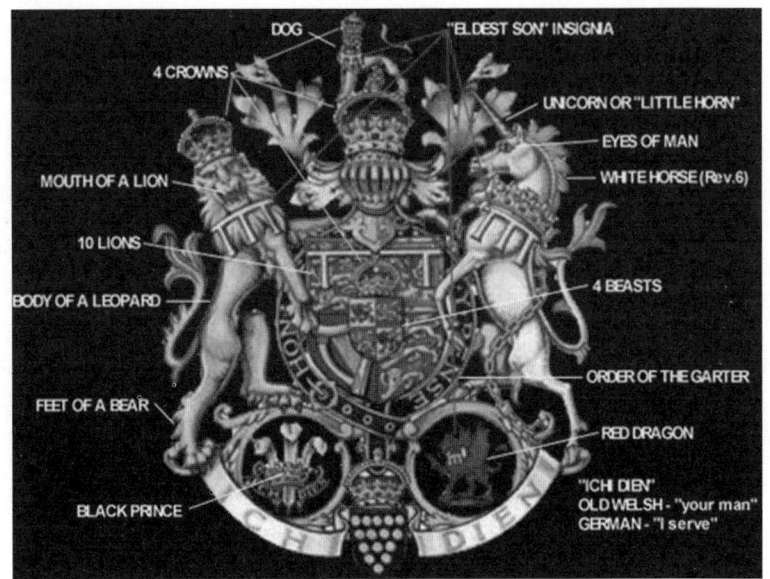

영국 찰스 황태자의 공식 문장

있는 독일어 'Ich Dien.'는 'I Serve.' (나는 섬긴다)다는 의미다. 용은 사탄이고, 유니콘(시편 22:21)과 사자(벧전 5:8)는 타락한 천사인 마귀를 상징하므로* 전체적으로 '나는 사탄 마귀를 섬긴다.'는 뜻이다. 히 브리어 게마트리아^{Gematria}에 의하면, 찰스의 영어 이름^{Prince Charles of}

■ 나를 사자의 입에서 구원하소서. 주께서 내 말을 들으사 나를 유니콘들의 뿔들에서 벗어나게 하셨나이다. _시편 22:21

정신을 차리라. 깨어 있으라. 너희 대적 마귀가 울부짖는 사자같이 두루 다니며 삼킬 자를 찾나니 _베드로전서 5:8

■■ 게마트리아는 히브리 낱말을 풀어 그 낱말을 구성하는 알파벳에 해당하는 숫자로 바꾸는 주석 방법이다. 이와 관련된 자세한 정보는 다음을 참고하라.
http://blog.naver.com/dfgiyo/140105701371

Prince William gives

'가터 훈장' 복장의 영국 여왕   찰스 황태자   윌리엄 왕자(사탄 싸인)

Wales과 히브리어 이름nasich Charles me Wales 모두 합이 666이 된다. ■■
찰스 황태자는 현재 기후 변화와 인구 문제에 깊이 관여하고 있다.

1982년 6월 21일 하지에 일식이 일어난 날 태어나 2015년 33세
가 되는 윌리엄 왕자도 주목해볼 필요가 있다. 1995년 13세에 윌리
엄 왕자는 납치에 대비해 위성 추적이 가능한 생체칩을 오른손에
심었다. 윌리엄 왕자는 유대 랍비로부터 할례를 받았다고 전해지는
데 이로써 유대인의 왕이 될 자격이 있다.

윌리엄 왕자의 정식 이름은 'William Arthur Philip Louis
Windsor'로 전설의 아더 왕 이름을 사용하고 있다. 2008년 윌리엄
왕자는 최고위급 프리메이슨으로 구성된 '가터 훈장Order of the Garter'
에 1,000번째로 가입되었다. '가터 훈장'은 1348년 에드워드 3세에
의해 세워진 가장 오래된 영국 기사단이다. 1737년에 영국 프레드
릭 황태자가 프리메이슨에 가입하면서 영국 왕실 사람이 영국 메이
슨 총 본부장을 맡고 있다.

적그리스도를 상징적으로 보여주는
뱅크오브아메리카 벽화들

프리메이슨의 적그리스도 옹립 계획에 관해 참조할 만한 중요한
자료가 있다. 1992년 완공된 60층 높이의 '뱅크오브아메리카 본관
Bank of America Corporate Center' 은 노스 캐롤라이나에 자리하고 있다.

미국 최대의 은행인 뱅크오브아메리카의 본관 로비에는 오컬트
상징으로 가득한 특이한 프레스코 벽화가 그려져 있다. 벤자민 롱
Benjamin Long에 의해 그려진 벽화는 오른쪽부터 '계획' '대혼란' '건
설'이란 주제를 담고 있다.

뱅크오브아메리카 본관 로비에 그려진 벽화(전체그림)

첫 번째 벽화인 오른쪽 그
림에는 금발의 소년이 프리
메이슨 체크 무늬 바닥 위에
서 있는데 그의 발은 메이슨
입문 의식처럼 90도로 벌어
져 있다. 금발의 소년은 앞
서 본 윌리엄 왕자를 연상시
키며, 한쪽 눈이 가려진 전
시안 모양을 하고 있다. 그
림의 왼쪽 아래는 비즈니스
정장을 입은 사람들이 소년
을 가리키고 있다. 이는 금
융 엘리트인 일루미나티가

첫 번째 벽화

'신세계질서'를 설계하며 적그리스도를 세우는 것으로 해석할 수
있다.

그림 중앙에는 이집트 종교의 상징인 피라미드와 출애굽기 3장 2
절■에 나오는 '불타는 관목'이 있다. 불타는 관목은 메이슨 33도
의식에 사용되는 중요한 상징이다. 그 옆에 붉은 스웨터와 청바지
를 입고 무심히 앉아 있는 사람은 아무것도 모르고 자신의 일에 열
중하는 일반 시민을 상징한다. 투명한 정육면체 안에서 위에서 내

■ 주의 천사가 떨기나무 가운데로부터 나오는 불꽃 속에서 그에게 나타나니라. 그가 보니, 떨기나무
불이 붙었으나 떨기나무가 소멸되지 아니하였으므로 _출애굽기 3:2

두 번째 벽화

려온 실에 의해 움직이는 여자는 일루미나티의 '마인드 컨트롤 노예'를 상징한다. 그림 왼쪽의 계단은 겉으론 야곱이 벧엘에서 꿈에 본 천사가 천국을 오르내리는 사다리를 의미하지만(창세기 28:12) 속으론 정상에 오르기 위한 일루미나티의 계급을 의미한다. 계단 옆에는 일식으로 가려진 검은 태양이 있는데 오컬트에선 영적 지혜를 상징한다.

두 번째 벽화는 과도기의 혼란을 묘사한다. 연달아 여러 가지 재앙이 일어나고 폭동이 발생하자 비상사태가 선포돼 사람들이 'FEMA 수용소'에 갇힌 것으로 보인다.

흰 화생방복을 입은 요원을 보면 핵전쟁이나 화학전, 혹은 생물학전이 일어난 것을 알 수 있다. 맨 오른쪽의 수녀가 언짢은 표정으로 바라보는 것으로 보아 가톨릭이 관련된 암시를 준다. 오른쪽 깃발엔 나치 황금 독수리가 보인다.

시위용 피켓이 하얀 것은 그들의 목소리가 아무 의미 없다는 뜻이다. 계엄령 이후 경찰 국가가 실시돼 시민의 자유와 권리는 대폭 축소된 상태다. 왼쪽 건물에서 연기가 나는 것은 아우슈비츠 화장

장을 연상시킨다. 하늘에는 불의 소용돌이 안에 6명의 남녀가 벌거
벗은 채 뒤엉켜 있다.

이는 말세의 혼란 속에서도 이를 초월해 자유롭게 난교를 즐기거나 음양의 조화를 이루는 일루미나티 상류 계층을 표현한 것이다. 불의 소용돌이는 태양을 상징하기도 하며, 흰색은 연금술에서 '백화Whitening' 라고 하는 중간 과정이다. 연금술의 완성은 다음 그림에 나오는 붉은색이다.

세 번째 벽화

마지막으로 세 번째 벽화는 지상의 붉은색 산에 붉은색 거인이 잠들어 있고,
지하에서는 노동자들이 삽과 곡괭이를 들고 일하고 있다. 이는 혁명을 통해 중간 계층이 없어지고 소수의 지배 계층과 다수의 노예 계층만 있는 일루미나티의 이상세계가 완성되었음을 의미한다.

지배 계층의 안락한 삶을 위해 노예 계층은 불만 없이 지하에서 일한다. 성경에도 아낙Anak, Annunaki 자손이란 거인족이 나오는데 이들은 우상을 숭배했고 이스라엘 민족과 전쟁을 벌였다. 일루미나티 고위층은 이 거인족과 관련이 있음을 암시하고 있다. 붉은색 팻말

의 EQ는 'Equinox'(춘추분)의 약자로, 태양운동의 중심점인데, 이는 사탄주의의 기념일이다.

이처럼 뱅크오브아메리카 본관 벽화는 일루미나티 3단계(계획, 혼란, 성취) 세계 변환 계획을 보여준다. 벽화는 전체적으로 소수의 일루미나티가 혼란과 혁명을 통해 다수의 대중 노예들을 다스린다는 '신세계질서'를 표현하고 있다. 또한 그림은 연금술 3단계인 검은색^{Nigredo}, 흰색^{Albedo}, 붉은색^{Rubedo}도 따르고 있다.

이 벽화도 덴버공항 벽화와 같이 예언적 성격이 강한데 뱅크오브아메리카가 프리메이슨 계열의 은행이라 말세에 이루어질 내용을 상징적으로 표현한 것이다.

The Secret of
New World Order

그러면 우리는
어떻게 살아야 하는가?

막차 시간이다.

헐레벌떡 뛰어가지만 이미 막차 시간 12시를 넘은 상황이다.

이 열차를 놓치면 꼼짝없이 오늘은 집에 갈 수 없다.

입에 거품이 나도록 뛰어 겨우 도착.

플랫폼은 조용하다.

그렇다. 아직 열차가 도착하지 않았다.

막차 시간을 훨씬 넘겼지만 "이제 곧 열차가 도착합니다"라는 안내판의 빨간 불만 들어와 있을 뿐 아직 기차는 도착하지 않았다. 다행이다.

모두들 이런 경험은 한두 번 있을 것이다. 감사한 마음으로 막차를 타면서 내쉬는 안도의 한숨.

그런데 이 상황을 더 큰 그림에 비유해보자.

'이미 주님이 오실 때가 지났지만 주님은 아직 오지 않으셨다.'

그분은 기다리신다. 우리가 마지막 기차를 탈 때까지도.

■ ■ ■

당신이 어느 날, 지금까지 누려보지 못했던 성공한 삶, 존경받고 부유한 삶이 보장된 모임의 일원이 된다면 어쩔 텐가?

당신은 모임을 지렛대로 해서 차원이 다른 삶을 살아갈 수 있을 것이다. 당신에겐 노력보다 훨씬 뛰어난 결과와 편안한 인생이 보장될 것이다. "영원한 복"이니 "하나님의 은혜"처럼 어렴풋하고 믿음으로만 그려지는 실낱같은 희망보다 쥐락펴락할 수 있는 돈과 명예와 자유가 지금 당장 주어진다. 무엇보다 앞으로 실제로 닥칠 '대환란'에서도 '안전'을 보장받는다. 하지만 그 대가는 너무도 참혹하다.

당신이 그곳으로 들어가기 위해서는 지금까지 당신이 가장 소중히 했던 가치들을 부인하고 버려야 한다. 그리스도의 주님 되심이나 십자가 대속, 하나님의 공의와 같은 다소 "손에 잡히지 않는" 말씀들을 믿고 순종하는 일이 금지된다.

자, 어쩔 텐가?

단 1초도 생각할 필요 없이 모임의 일원을 거부하겠는가? 그렇다면 정말 다행이다.

하지만 우리가 가진 것이 많고, 누리는 것이 많을수록 생각이 달라지는 법이다. 프리메이슨의 이런 제안을 받아들이면 분명 더욱 확실한 성공을 보장 받을 텐데 벌써부터 마음이 쿵쾅거릴 것이다. 성공을 해보면 혼자서 할 수 있는 건 아무 것도 없다는 것을 더 잘 알기 때문이다. 그들의 도움을 조금만 받는다면 나와 우리 가족의 삶은 완전히 달라질 것이다.

그런 제안을 뿌리칠 수 있는가? 그것이 과연 쉬울까?

■　■　■

우리는 지금 성경의 예언과 일루미나티의 세계통치 계획이 현실이 되어가는 시대에 살고 있다. 이것은 단순한 '음모 이론^{Theory of Conspiracy}' 이 아니다. 모든 것이 '신세계질서'를 향해 척척 들어맞아 진행되고 있다. 이것은 손에 잡히는 '현실^{Reality}' 이다. 이미 당신도 그 안에 충분히 들어가 있어서 모를 뿐이다.

이런 사실들을 접한 많은 사람들은 묻는다.
"네, 이 세상이 악하고, 이런 끔찍한 자들이 있다는 건 알겠어요. 그런데 아무 힘이 없는 우리 같은 사람들은 도대체 뭘 해야 하죠? 그냥 당하고 있을 수밖에 없잖아요. 그러면 우리는 어떻게 살아야 하는 건가요? 산골짜기에라도 들어가서 자급자족이라도 하면서 살아야 하나요?"

이런 질문들에 대해 '이것이 정답이다.' 라고 매뉴얼 식으로 말해 주기는 쉽지 않다. 하지만 이미 그리스도 안에서 연합된 삶을 살아가는 사람들에게 힘이 될 만한 말씀을 드리고자 한다.

첫째, 예수님의 평안을 받으라

예수님은 어두움의 세력들을 명확히 꿰뚫고 다 아셨기 때문에 다른 사람이 볼 수 없는 세계와의 싸움에서도 좌절하지 않으셨다. 오히려 자기 앞에 놓인 기쁨을 늘 바라보셨으며 십자가를 견디셨다(히 12:2).

우리가 걸어갈 길은 먼저 주님이 걸으신 길이다. 그분은 십자가에 돌아가시고 제자들에게 핍박이 이를 것을 알면서도 이렇게 위로하셨다.

"내가 너희에게 평안을 남기노니 곧 나의 평안을 너희에게 주노라. 세상이 주는 것과 달리 내가 너희에게 주노니 너희는 마음에 근심하지도 말고 두려워하지도 말라." _요 14:27

"너희에게 이 일들을 말하는 것은 너희가 내 안에서 평안을 누리게 하려 함이니라. 세상에서는 너희가 환난을 당할 터이나 기운을 내라. 내가 세상을 이기었노라." _요 16:33

자, 주님이 어두움의 세력과 냉혹한 현실에 대해 제자들에게 말씀하신 것은 "내 안에서 평안을 누리게 하려"고 그러신 것임을 기억하라! 예수님의 평안! 우리 안에 이것이 있다면 어떤 어려움 가운데서도 든든하다.

둘째, 어디로 가든지 주님을 따르라

일루미나티는 사람들을 극도의 혼란과 공포로 몰아넣거나 갖가지 죄악으로 타락시켜 자신들이 내놓은 대안을 무비판적으로 수용하게 만든다. 정부와 기업이 시키는 대로 따라 하다 보면 나도 모르게 뉴에이지에 물들고 세계화에 찬성하며 생체칩을 심을지 모를 일이다.

흑암의 실체를 모르면 신앙이 좋아도 미혹의 길로 가기 쉽다. WCC가 종교통합을 위한 단체인 것을 모르면 대형 교회의 지시에 따라 종교 다원주의 행사에 참석하고 타종교의 구원을 인정하게 될 것이다. 진리보다 체험을 중시하는 은사주의에 물들다 보면 가톨릭과 함께 관상기도나 알파코스를 하게 될 것이다.

많은 신학교가 자유주의에 물들어 성경 말씀을 그대로 믿지 않고 인간적으로 해석한다. 자유주의와 인본주의에 물든 교회는 예수님을 문 밖에 세우고 자신들이 만든 방법으로 성장하려 한다. 그래서 예수님이 재림하실 때 성경 말씀에 중심을 둔 참믿음을 가진 사람을 찾기 힘든 것이다.

진정한 그리스도인은 세상의 시류에 주목하면서도 그 흐름에 휩쓸리거나 동조하지 않는다. 그는 이 시대에 고독한 등대가 되기 위해 그런 일을 한다. 진정한 그리스도인은 은혜에만 안주하지 않고 책임을 다해 달란트를 사용하는 사람이다. 말세에 비록 순교하더라도 적그리스도 우상에게 절하거나 짐승의 표를 받아선 안 된다. 환난의 고통은 잠시지만 심판의 고통은 영원하기 때문이다.

당신이 어린양 예수님만 따르며 그분과 함께 고난을 받는다면, 당신은 하나님의 자녀로서 상속자 곧 하나님의 상속자요 그리스도와 공동 상속자가 되어, 그분과 함께 영광도 받게 될 것이다(롬 8:17).

> "이들은 어린양께서 가시는 대로 따라가는 자들이며 사람들 가운데서 구속을 받아 하나님과 어린양께 첫 열매가 된 자들이더라." _계 14:4

셋째, 삶을 통해 무엇을 유산으로 남길 것인지 정하라

한 나이 많은 목수가 은퇴할 때가 되었다. 어느 날, 그는 자신의 고용주에게 지금부터는 일을 그만두고, 가족과 여생을 보내고 싶다고 말했다. 고용주는 훌륭한 일꾼을 잃게 되어 무척 유감이라고 하면서, 마지막으로 손수 집을 한 채 더 지어 줄 수 있는지 물었다. 목수는 '물론입니다.' 라고 대답했지만, 마음은 이미 일에서 멀어져 있었다. 그는 형편없는 일꾼들을 급히 모아 조잡한 원자재를 사용하여 억지로 집을 지었다.

집이 완성되었을 때, 고용주가 집을 보러 왔다. 그러나 그는 집을 보는 대신 목수에게 열쇠를 쥐어주면서 '이것은 당신의 집입니다. 오랫동안 당신이 저를 위해 일해 준 보답입니다.' 라고 말했다. 목수는 커다란 충격을 받았다. 만일 목수가 자신의 집을 짓는다는 사실을 미리 알았더라면, 그는 100년이 지나도 수리를 할 필요가 없는 튼튼한 집을 지었을 것이다. 그는 그런 훌륭한 집에서 멋지게 살 수 있었을 것이다.

"만일 어떤 사람이 이 기초 위에 금이나 은이나 보석이나 나무나 건초나 짚을 세우면 각 사람의 일이 드러나리라. 그 날이 그것을 밝히 드러내리니 이는 그것이 불에 의해 드러나고 그 불이 각 사람의 일이 어떤 종류인지 시험할 것이기 때문이라. 어떤 사람이 그 기초 위에 세운 일이 남아 있으면 그는 보상을 받고 어떤 사람의 일이 불타면 그는 보상의 손실을 당하리라. 그러나 그 자신은 구원을 받되 불에 의해 받는 것 같이 받으리라." _고전 3:12-15

우리도 현재 내 삶이 곧 내 집의 재료가 된다는 사실을 잊고 살아간다. 마지막 시대가 가까웠다고 호들갑인 사람들 중에 많은 이들이 자신의 삶과 신앙이 유리된 채 살고 있다. 하지만 그것은 진정한 신앙인의 자세가 아니다. 우리는 자신이 지은 집(삶)이 "하나님의 불"을 통과할 수 있는 재료로 된 것인지 확인해야 한다.

기초는 이미 마련됐다. 기초는 곧 예수 그리스도시다(고전 3:11). 하지만 그 위에 자신의 인생을 지어가야 하는데, 많은 사람들이 조잡한 재료로 대충 집을 지으면서 외양에만 신경 쓴다. 만일 우리가 처음부터 '인생'이라는 집을 내 집이라고 생각한다면 우리는 전혀 다른 방식으로 집을 지을 것이다.

당신은 어떤 집을 지어가길 원하는가? 설계도는 만들었는가? 당신의 삶을 통해 무엇을 유산遺産으로 남기고 싶은가?

■ ▓ ■

우리는 주님의 재림이 매우 임박한 시대에 살고 있다. 부디, 말씀과 기도를 통해 예수님과 동행하는 삶을 살도록 하자. 그것만이 유일한 길이다.

2천 년 전 유대인들도 메시아를 기다리는 사람들이었지만 그들은 성경을 피상적으로 공부했고 자기들의 유익에 따라 하나님을 섬겼기 때문에 예수가 바로 그리스도이심을 알아보지 못했다. 우리는 이제 동일한 실수를 되풀이 하지 말고, 말씀에 따라 다시 오실 예수님을 맞을 준비를 잘 해야 한다.

즉 진리 말씀을 믿고, 십자가 보혈로 죄들의 용서함을 받으며, 성령으로 온전히 거듭남으로써 이 세상의 악에 오염되지 않고, 거룩한 삶을 살아야 신랑 되신 예수님의 혼인 잔치에 기뻐하는 신부로서 참여할 수 있다.

우리는 밤이 깊을수록 새벽이 가까웠음을 잘 안다. 절망하지 않고 소망을 품는 것은 이런 일들이 일어나는 것을 볼 때에 우리의 구속이 가까이 이르렀음을 알기 때문이다.

"이런 일들이 일어나기 시작하거든 위를 보고 너희 머리를 들라. 너희의
구속이 가까이 이르렀느니라" _누가복음 21:28

그리므로 우리는 어떻게 살아야 할 것인가? 주님의 말씀으로 내
가 할 말을 대신하고자 한다. 주께서 이 말씀을 지식이 아닌 진리로
우리들 가슴에 새겨지게 하시길 간절히 기도드린다.

"그러므로 너희가 앞으로 일어날 이 모든 일을 피하고 사람의 아들 앞에 서
기에 합당한 자로 여겨지도록 항상 기도하며 깨어 있으라." _누가복음 21:36

"밤이 많이 지나고 낮이 가까이 왔으니 그러므로 우리가 어둠의 행위를 벗
어 버리고 빛의 갑옷을 입자." _로마서 13:12

"그분께서 이르시기를, 너 잠자는 자여, 깨어서 죽은 자들로부터 일어나
라. 그리스도께서 네게 빛을 주시리라, 하시느니라. 그런즉 너희는 주의하
여 어리석은 자가 아니라 지혜로운 자로서 조심스럽게 걸어 시간을 되찾으
라. 날들이 악하니라." _에베소서 5:14-16

The Secret of
New World Order

■ 참고 서적

《300인 위원회》 (존 콜먼, 들녘), 《*The Conspirator`s Hierarchy The Committee of 300*》

《그림자 정부 : 미래사회편》 (이리유카바 최, 해냄)

《그림자 정부 : 정치편》 (이리유카바 최, 해냄)

《뜨거운 역사 추악한 진실 1, 2》 (캐시 오브라이언, 일송북) 《*Trance Formation of America*》

《세계금융을 움직이는 어둠의 세력 1, 2》 (기쿠가와 세이지, 스펙트럼북스) 《闇の世界金融の超
不都合な眞實》《世界恐慌という仕組みを操るロックフェラー》

《다크 플랜》 (짐 마스, AK) 원서《*Rule by Secrecy*》

《프리메이슨》 (폴 재퍼스, 황소자리) 원서《*Freemasons*》

《*Number in Script*》 (E.W. Bullinger, Kregel)

■ 참고 사이트

Part 1. 깨어나라 : 세상은 그들의 계획대로 움직인다

www.disclose.tv/forum/japan-tsunami-caused-by-haarp-t46297.html 하프, 일본 후
쿠시마 원전 사고

http://letsrollforums.com/9-11-nuke-demolition-t24980.html 9·11 테러, '그라운드
제로'에 관하여

http://letsrollforums.com/update-us-government-s-t22024.html?t=22024 9·11 테
러에 원자폭탄이 이용된 증거들

www.atlanticfreepress.com/news/1895-researchers-claim-911-sicknesses-in-the-
us-related-to-environmental-radiation-contamination.html 9·11 테러 방사능 관련 피

해자 연구

http://media.daum.net/foreign/cluster_list.html?newsid=20110314212303764&clusteri
d=300861&clusternewsid=20110314193103499&p=YTN 지진의 형태가 달라지고 있다

www.bibliotecapleyades.net/sociopolitica/esp_sociopol_denver02.htm 덴버공항 관련
정보

http://theilluminatiwatch.com/tag/zeus-humanity/ 일루미나티

http://diaconspiracyfiles.wordpress.com/2009/10/30/secret-alex-christopher-
photos-from-beneath-denver-international-airport/ 덴버 공항

http://snippits-and-slappits.blogspot.com/2010/04/jewish-sabbateans-rule-world-
for-satan_24.html 9 · 11, 없어진 진실

www.exposingsatanism.org/masons.htm 앨버트 파이크

http://news.donga.com/Inter/New/3/02/20110624/38286739/1 슈퍼박테리아

Part 2. 분별하라 : 그림자 정부의 실상

www.safehaven.com/article/20081/the-end-of-the-us-dollar 미국 달러의 종말

http://dreamdash.wordpress.com/2011/03/23/%EB%AF%B8%EA%B5%AD-
%EB%8B%AC%EB%9F%AC%EC%9D%98-%EC%A2%85%EB%A7%90/ 미국 달러의 종말

http://truth11.com/2010/06/25/gakona-haarp-on-full-power-during-earthquake-
in-haiti/ 하프, 아이티 대지진

www.christiantoday.us/sub_read.html?uid=467&section=section13 프리메이슨

http://blog.daum.net/j73lp7d3td 오바마

http://www.hankyung.com/news/app/newsview.php?aid=2010042344811 미 중앙은행

http://article.joinsmsn.com/news/article/article.asp?total_id=4102443&cloc=olink|arti

cle|default 로스차일드 가문

vigilantcitizen.com/sinistersites/analysis-of-the-occult-symbols-found-on-the-
bank-of-america-murals/ 오컬트

www.viewsnnews.com/article/view.jsp?seq=40415 J.P. 모건의 실체

http://blog.naver.com/smilesunkr/120033497186 장미십자회

www.officialbhuldahcompany.com/americasmasonicsecret.htm 프리메이슨

http://symboldictionary.net/?p=2047 상징 문양

http://pinballking.blogspot.com/2010/05/starbucks-logo-secrets-revealed.html 스타벅
스 로고

Part 3. 준비하라 : 눈앞에 다가온 위협

www.millenniumpeacesummit.com 종교통합운동

http://blog.naver.com/krysialove/150051871111 스톤헨지

www.trance-formation.com/ 마인드 컨트롤

www.atlanteanconspiracy.com 신세계질서

www.helpfreetheearth.com/news205_bank.html 신세계질서

www.helpfreetheearth.com/news198_UN.html 유엔

http://thekeytoeternity.blogspot.com/2011/04/royal-wedding-secrets-exposed-
may-god.html 신세계질서

http://nownews.seoul.co.kr/news/newsView.php?id=20110620601017 외계인과 미국
대통령

http://navercast.naver.com/contents.nhn?contents_id=2734 인구 축소 계획, 토머스 로
버트 맬서스

http://propheticseasons.wordpress.com/2010/01/28/verichip-666-the-warning-mark-of-beast/ 생체칩

www.hani.co.kr/section-010100020/2004/09/010100020200409171514001.html 인구 축소, 불소

www.globalresearch.ca/index.php?context=va&aid=7763 FEMA 수용소

■ 참고 글

차원용 (주)아스팩미래기술경영연구소 소장, 숙명여대 정책산업대학원 교수
⟨Homiletic & Pastoral Review⟩지 One-world religion on the horizon

터치북스 는 이렇게 만듭니다

1. 마음과 영혼을 울리는 책을 만듭니다.
2. 경건한 독자들의 지성과 성품에 어울리는 책을 만듭니다.
3. 세월이 흘러도 간직하고 싶은 책을 만듭니다.
4. 영혼의 성장에 꼭 필요한 책을 만듭니다.
5. 출판으로 교회와 독자들을 섬기겠습니다.

신세계질서의 비밀

초판 1쇄 펴낸 날 2011년 10월 30일
초판 5쇄 펴낸 날 2012년 6월 7일

지은이 장화진
편집 채대광 김준원 고은정 최은숙
디자인 김진희 **마케팅** 김광일 **경영 지원** 주정식 김은미

펴낸이 우수명 **펴낸 곳** (주)아시아코치센터
임프린트 터치북스
출판 등록 제129-81-80357호 (2005. 1.12)
주소 서울시 강남구 대치동 943-13번지 윤천빌딩 3층
주문 전화 031-905-0434,0436 **팩스** 031-905-7092
문의 전화 02-538-0409 **팩스** 02-566-7754
블로그 http://blog.naver.com/touchbooks
이메일 touchbooks@naver.com (독자들의 소중한 의견을 기다립니다)

출력 대산아트컴 **종이** 시그마페이퍼 **인쇄** 한국소문사 **제책** 정성문화사

책값은 표지에 있습니다.
ISBN 978-89-967467-0-6

세상에 감동을 주고 1퍼센트라도 변화를 가져오는 당신의 책을 언제나 두근거리는 마음으로 기다립니다.
당신의 원고를 읽고 인생이 바뀔 누군가가 있을지 모릅니다.
메일로 원고와 함께 간단한 개요와 설명글을 보내주세요. 기적이 일어납니다.